AF451657

LETTRES

GALANTES

ET

PHILOSOPHIQUES

DE DEUX NONES.

A ROUEN,

DE L'IMPRIMERIE DE CHRISTINE.

1797.

LETTRES GALANTES

ET

PHILOSOPHIQUES

DE DEUX NONES.

PREMIERE LETTRE.

Te trouves-tu bien, ma chère sœur en Jésus-Christ, dans les bras de ton nouveau directeur? S'il faut en croire les apparences, il semble plutôt fait pour chanter les faveurs de l'amour, que pour en peindre les dangers.

Je prends plaisir, Agathe, à tirer l'horoscope de ce héros galant. Tu sais que je me connais en physionomies ; je crois la sienne très-propre à servir tes desirs, et à satisfaire ta passion.

Jeune, bien faite, parée, comme tu es, des graces de la nature, il ne manquera pas (c'est un usage reçu dans les cloîtres) de solliciter tes faveurs. Il suffit alors que tu lises dans ses yeux remplis d'amour, pour y voir ton bonheur; il suffit aussi qu'il lise dans les tiens chargés de volupté, pour y découvrir sa défaite. Je ne le soupçonne point, ma chère Agathe, pétri de cagotisme, encore moins hérissé de scrupules. Il n'a rien des solitaires de la Thébaïde; c'est un adonis de la sainte légende; un docteur en Sorbonne, inépuisable en argumens lubriques, et qui peut à merveille t'en faire goûter l'énergie.

Que ne suis-je, ma bonne amie, que ne suis-je encore dans l'âge où il m'était souvent permis d'être heureuse, et de faire des heureux! Je touche, malheureusement, au couchant de mes jours, et mes dispositions à la galanterie, ne peuvent m'assurer, désormais, que des victoires imparfaites. Douceurs réelles, plaisirs, bonheur, transports, que ne vous dois-je pas! Vous m'avez rendu mon joug plus supportable dans mon affreuse solitude, et c'est m'acquitter envers vous, que de publier vos bienfaits.

Mais hélas! pourquoi ne sont-ils plus, ces tems de délices, où mon ame se confondait avec celle du père *Anselme*! où nos cœurs éprouvaient des sensations qui ne peuvent être rendues que par le pinceau de la jouissance! Agathe, ma chère Agathe, que de pertes libidineuses! que de sacrifices expiés sur l'autel de la volupté! Si je me pâmai mille fois dans les bras de mon consolateur, mille fois aussi je partageai son existence: te le dirai-je enfin; il eut les prémices de ma virginité, et content de sa victoire, il ne se montra jamais ingrat à mon égard. Oui, ma chère Agathé, pour compter toutes ses prouesses amoureuses, il te faudrait au moins tous les chapelets de nos mères; juge de mon bonheur.

Une chose pourtant qui m'étonne, c'est de n'avoir pas été sujette aux influences de l'amour, après une infinité d'attaques de ma part, et d'assauts réitérés de la sienne. Justes dieux! que serais-je devenue, si j'avais mis au monde un petit Séraphin ! N'aurait-on pas eu raison de penser qu'on n'est pas toujours recueilli dans le cloître ; que leurs exercices, tant journaliers que nocturnes, ne sont pas toujours spirituels, et que la *haute* vertu d'une religieuse, n'est pas plus à l'abri de faire naufrage, que celle d'une nymphe d'opéra ?

Mais quelle fâcheuse contrainte vient m'arracher, ma sœur, à mes agréables réflexions? C'est la cloche des matines. Vaut-il la peine de quitter la plume, pour aller se morfondre dans un chœur, et psalmodier du latin que ni toi ni moi ne comprenons, et que vraisemblablement nous ne comprendrons jamais.

Adieu, porte-toi bien, aime-moi comme je t'aime, et souviens-toi toujours de ta *Christine.*

SECONDE LETTRE.

QUATRE jours se sont écoulés, ma sœur Agathe, depuis ma première lettre, et je suis encore à recevoir de tes chères nouvelles. Quelque fâcheux évènement te mettrait-il hors d'état d'écrire ? ou si, préoccupée des qualités physiques de ton agréable, tu te repais d'avance du doux espoir de réaliser tes projets amoureux ?

Au moment même où je t'écris, touches-tu peut-être au bonheur suprême ! Peut-être monsieur le chapelain n'oublie-t-il exprès son bréviaire, qué pour s'occuper de tes charmes, et pour fourrager tes appas ! Assurément la victime est digne du sacrificateur. Tout ce qu'on peut imaginer de divin ; tout ce qu'on peut concevoir de parfait, se trouve, ma chère Agathe, réuni dans ta personne.

Oh ! que la guimpe et le bandeau inspirent de desirs ! Je me rappelle qu'après la mort du père

Anselme (dieu lui fasse miséricorde) j'eus pour ami de cœur, l'espace de deux ans, un étalon du sacerdoce ; mais chère Agathe, qu'il était vigoureux ! qu'il soutenait courageusement la réputation de son corps ! Il ne me prodiguait, disait-il, les caresses les plus vives et les plus passionnées, que parce que j'étais none, et que, dans notre accoutrement, il trouvait, je ne sais quel fond inépuisable de tendresse et de volupté : faiblesse étrange, si tu veux, mais bonne, mais excellente pour des récluses, et dont la plupart de nos béautés se sont quelquefois bien trouvées.

J'en appelle à la sœur Geneviève, cette vieille décrépite, que je croyais depuis long-tems hors de combat, et qui, joignant à la figure la plus maussade l'esprit le plus lourd, ne laissait pas que de multiplier ses jouissances avec le jardinier de la maison. A en juger par son extérieur, on l'aurait pris pour un lourdeau ; mais c'était un grivois qui s'entendait au métier, et qui connaissait tous les tours et les détours de l'amour.

Il faut que je te conte ma chère Agathe, une

scène qui va te réjouir. Il y avait près d'un mois,
que je croyais m'appercevoir de quelque intelligence furtive entre le prophane et le sacré : la
curiosité me poignardait, je voulus m'éclaircir.
Pour cet effet, je me mis un jour en embuscade
dans le jardin; et à travers les broussailles où je
m'étais nichée, j'apperçus le gros Guillaume entre les bras de sœur Geneviève, à-peu-près dans
la posture d'un certain prophète de l'église. Avait-
il intention d'arroser son jardin, ou de peigner
ses charmilles ? c'est ce que je te laisse à deviner;
mais une chose que je ne veux point te dissimuler,
c'est qu'une motte de terre artistement arrangée,
et qui semblait avoir été construite par les mains
du libertinage, était l'autel solide où nos amans
surannés faisaient, à frais communs, des libations
au dieu Priape. Tu aurais trop ri, ma chère, si tu
avais été témoin des efforts multipliés que faisait notre vieille, comme elle se démenait ! elle
se rappelait, je crois, toutes les allures et tous
les raffinemens de son jeune âge. Avec quelle
fureur inexprimable ne serrait-elle pas son vain-

queur, qui suait sang et eau, et qui écumait comme un satyre ! Bientôt leurs mouvemens se confondirent dans ceux de l'amour. Nos acteurs avaient ouvert la scène par des gestes indécens ; ils la finirent par un colloque licencieux, et le dénouement fut des plus heureux. Courage, mon bon papa, s'écriait d'une voix entre-coupée la noue aux yeux mourans. Bon..... Tout doucement,.... Encore un peu.... Là.... Bien.... Et vîte, et vîte... Je.... Je vois le ciel et tous les anges.... Ah!.... Ah! je me pâ...me.

Il est aisé de concevoir, ma chère Agathe, que le couple amoureux était en ces momens dans une ivresse qui tenait de l'enchantement, et qu'il y aurait eu de l'imprudence, j'ose même dire de l'inhumanité, à interrompre leurs jeux libidineux. Non, ma chère, les joies du paradis n'avaient rien de comparable à celles que goûtaient nos amans. Jamais Vénus n'éprouva tant de douceurs dans les bras du dieu Mars, qu'en éprouva notre duegne. Sans avoir étudié en Sorbonne, il fallait voir avec quelle énergie le docteur de maître Guillaume s'exprimait. Argumentateur impitoyable, il eût confondu les plus érudits du sacré collège. Le plaisir que sa dulcinée prenait à ses leçons galantes, semblait avoir été dérobé à la divinité.

Te le dirai-je, Agathe ? j'enviais le bonheur de Geneviève, quoique sexagénaire. Mille fois je me vis sur le point de me lancer sur son Hercule, pour le provoquer moi-même au combat, et le forcer d'assiéger la place. Depuis le chef jusqu'aux extrémités, tout mon corps n'était qu'un brâsier : en vain aurait-on eu recours à l'eau pour en éteindre les ardeurs : il fallait un secours plus efficace ; mais, à son défaut, je m'armais de mon G..... et je.... Tu m'entends, tu me comprends sans doute ?

Passe-moi, ma sœur, cette polissonnerie ; c'est le dernier coup de mon pinceau. Bon soir, Agathe ; il est minuit, et je me couche. CHRISTINE.

RÉPONSE.

Vous êtes charmante, ma chère sœur Christine. Plus je vous lis, plus mon imagination s'alume. Vous parlez le langage de l'amour, comme un professeur de rhétorique, celui de l'éloquence. Vous dépeignez cet enfant avec des couleurs si vives, si naturelles, qu'il n'est pas possible de s'y méprendre. O que j'aime votre ton! il porte au cœur; il est ce qu'il doit être, ni trop sublime, ni trop fastidieux.

Initiée, dès votre bas âge, dans les mystères de Vénus, il n'est pas étonnant, quoique religieuse, que vous en soyez une prêtresse, et que vous surpassiez toutes nos Laïs. L'amour, vous le savez, est un besoin de la nature; il est languissant quand il n'est pas assouvi. Inutilement objectez - vous que vous ne savez actuellement de quel bois faire flèche, que vous glissez, avec légèreté, sur les idées galantes, et que les plus

beaux

beaux jours de votre triomphe se sont évanouis comme un éclair. Je vous juge par votre propre bouche, et je soutiens que vous n'avez pas fait main basse sur la galanterie, puisque vous substituez journellement le plaisir aux divines lumières de vertu, qui, comme cloîtrée, devraient vous éclairer.

Ne dissimulons pas, ma sœur, vous êtes capable d'une spéculation plus délicate, l'expérience vous a instruite des abus du couvent, et, pénitente endoctrinée, vous ne devez pas donner dans le panneau. Rappelez-vous seulement la scène lubrique où le grouppe fortuné essayait de travailler dans le jardin à une nouvelle secte de multiplians, et vous serez forcée de convenir que vous n'avez pas encore épuisé la volupté jusqu'à la lie; que vous êtes toujours d'une complexion amoureuse, et que le remède que vous mîtes en usage, pour résoudre les humeurs de votre fournaise ardente, n'était pas si bien imaginé que vous le présumiez. Timide, soupirante, puisque la valeur du gros Guillaume ne vous avait point échappé, que n'imploriez-vous son secours? Que ne lui demandiez-vous une répétition d'exercice galant? Le moment était précieux, il fallait le brusquer. A coup sûr, le héros potager n'aurait pas fait difficulté d'entrer en lice; il aurait élagué volontiers les épines du rosier pour en cueillir les roses, et votre jouissance aurait été bien plus réelle.

Vous vous plaignez de votre viellesse! calmez-vous; vous en avez encore d'assez heureux restes pour vous attirer, de tems à autres, quelque hommages clandestins, quelques visites de contrebande.

Pourquoi, ma sœur Christine, pourquoi fournir des armes contre nous? Tristes victimes de la politique religieuse, n'est-ce pas assez qu'elle nous tienne courbées sous son couteau, sans nous obliger encore à combattre la nature, et à nous sévrer d'un plaisir trop nécessaire à notre bonheur. Préjugés barbares, jusqu'à quand limiterez-vous notre existence par la privation de nos désirs? Est-il donc écrit que la volupté décrédite la sagesse, et qu'on ne peut, sans crime, se livrer à son penchant ?

Continuons, ma sœur, continuons de noyer, dans les bras de l'amour, tous les soucis du cloître. La pénitence et l'humilité ne sont que des vertus incommodes ; il est inutile de temporiser avec elles. Pour éviter les brocards et pour en imposer aux sots ; ayons, si vous voulez, tout l'extérieur que notre état comporte ; mais nâgeons dans les délices ; assouvissons, dans l'ombre du mystère ; au sein même de nos murs, ce feu sacré qui nous consume, et dont nos cœurs nos tendres cœurs sont la proie.

Belle morale, allez vous dire ! il fallait au moins dorer la pillule. Patience, vous n'êtes pas encore au bout. Je veux vous prouver, et vous prouver *physiquement*, que les dames Carmelites connaissent mieux que vous la théorie de l'amour ; que personne n'est plus en état d'en soutenir le systême, et qu'elles ne le cèdent en rien, à tous égards aux dames Ursulines. Ne perdez pas de vue sur-tout, que si vous comptez parmi vous des Elisées , nous comptons aussi parmi nous des Salomons. Les rois valent bien des prophètes.

Mais avant d'ouvrir la carrière de nos déréglemens, avant d'entrer dans le détail de nos aventures galantes , sur-tout d'une anecdote récente qui vient de se passer sous mes yeux, il faut que je vous dise deux mots de M. l'abbé de L.....

Vous savez, ma sœur, qu'il a été préposé par notre évêque, pour régir la communauté , et qu'il est vraisemblablement doué de toutes les qualités nécessaires pour bien conduire ses ouailles dans les voies du salut. Hé bien ! nous avons eu l'honneur de recevoir avant-hier sa visite d'obligation. Nous ne manquâmes pas de l'examiner depuis les pieds jusqu'à la tête ; et après l'avoir ainsi passé en revue, il nous tira sa révérence , en nous lorgnant modestement.

Mais, ma sœur , quelle impression, cet homme en Dieu ne fit-il pas sur mes sens! Qu'il me parut beau ! et que j'en suis amoureuse ! Il

est d'une politesse , d'une douceur , d'une pénétration angélique. ‑

Pardonnez, ma sœur, pardonnez à ma faiblesse : il faut céder au penchant, quand le tempérament nous tourmente. Je roulai sur lui des
yeux, mais des yeux si passionnés, qu'il com-
prit leur langage. Un soupir qu'il poussa vers
moi, me fit concevoir aisément qu'il ne me de-
mandait qu'un tête-à-tête, pour me donner des
preuves justificatives d'un directeur énergique.
En bonne connaisseuse, je saisis l'à-propos , et
je lui fis dire que j'avais besoin de son ministère ;
que s'il voulait prendre la peine de se rendre, le
lendemain, sur les huit heures, dans le confessionnal, il obligerait sensiblement sa très-hum-
ble pénitente : un oui gracieux fut sa réponse.

En attendant que je me prépare à l'attaque, et
que j'aspire à la gloire d'être sa première conquête, permettez-moi, ma sœur, de faire paroli
à la scène galante dont vous avez bien voulu me
régaler dans votre seconde lettre. Je vous ai dit
un peu plus haut, que les dames carmélites ne le

cédaient en rien aux dames ursulines. C'est-ce peut-
être un problême, me répondrez-vous ? L'anecdote qui suit suffira pour le résoudre ; et si elle
n'est pas aussi réjouissante que l'étaient les ébats
amoureux de Guillaume et de Geneviève, elle
mérite au moins de tenir une place dans le tragi-
comique. J'entre en matière.

Sœur Cécile se plaignait depuis quelques jours
d'un grand mal au bas-ventre ; elle n'attribuait,
disait-elle, ses douleurs qu'à des coliques af-
freuses qui la tourmentaient sans cesse, et qui lui
préparaient, sans doute, un dénouement funeste.

Vous savez, ma sœur, que dans nos pieuses
maisons, on se fait un devoir sacré de secourir
promptement les malades, et que pour peu qu'on
soit indisposé, on a recours tout de suite aux assassins du genre humain. En conséquence, on en-
voie chercher un de nos esculape, qui, après
avoir fait la vérification des pièces, décida, d'un
ton grave, qu'il était hors de doute que sœur
Cécile ne fût hydropique ; mais qu'il ne fallait
rien hasarder, et qu'il estimait nécessaire d'at-

tendre quelques jours pour en venir à la ponc-
tion.

Je ne vous dirai point au juste si le genre de
maladie de sœur Cécile avait effectivement mis
en défaut la science du médecin, ou si ce des-
cendant du dieu d'Epidaure, pour ne pas donner
prise à la malignité, et pour sauver la réputation
du couvent, avait intention de conduire tout
dans le plus grand secret ; mais une chose de
laquelle je puis répondre, c'est qu'il est clair
comme le jour, qu'on avait fait prendre à la
jeune tourrière des pillules incarnatives, qui malheureusement avaient germé, et qu'au lieu d'un
torrent d'eau qui devait sortir de ses flancs, il en
sortit, au grand étonnement de nos dévotes, le
plus beau Cupidon du monde.

Ce petit amour tout nud, ou pour parler au
figuré, ce portrait en mignature, excita la curiosité de toutes nos bénignes. Bientôt tout le
dortoir fut en alarmes ; il fallut tenir chapitre, et
en venir aux opinions. Mais, ma sœur, que de
commentaires de la part de nos mères ! vous au-

riez trop ri de les entendre. Les unes disaient que ce petit amour était peut-être un enfant de saint Denis, descendu du ciel exprès sur un rayon de plaisir, pour venir purifier les parties impures de sœur Cécile. Les autres plus raisonnables et moins superstitieuses, étaient du sentiment d'Epicure, et soutenaient, avec fondement, que le petit fripon était un enfant du hasard. Enfin, Cécile parla, et dit qu'en allant gagner les indulgences dans l'église des révérends pères minimes, un jeune profès du couvent, ne lui avait fait un jour certaine opération, que pour l'empêcher de grossir la liste des onze mille vierges, qui avaie^t été expulsées, disait-il, de la céleste Jérusalem, pour n'avoir pas voulu donner ici-bas des preuves viriles de leur fécondité.

N'êtes-vous pas surprise, ma sœur, qu'un pénaillon à l'huile, ait été capable de mettre la dévotion si avant, et de brûler sur l'autel de Cécile un encens aussi spirituel ? Pour moi je soupçonne qu'elle n'a pas accusé vrai, et que tout autre que le moine, a eu non-seulement le bonheur de l'endoctriner, mais de cueillir encore la rose dans son bouton. Si vous me demandez, ma sœur, sur quoi je fais porter mes prétentions, je vous répondrai que le petit lutin qui a été en prison, l'espace de neuf mois, dans les flancs de Cécile, était d'une blancheur trop ravissante, pour avoir été fabriqué avec une sauce à la minime.

Pardonnez-moi à votre tour, cette saillie : si elle n'est pas aussi spirituelle que la vôtre, est-elle au moins aussi plaisante.

Revenons à notre accouchée, et aux délibérations du synode virginal, où avaient assisté les mères, et sur-tout les nonins. Il fut arrêté par le chef de la troupe féminine, qu'après les relevailles sœur Cécile, cette femme impudique, car c'était ainsi que l'avait qualifiée tout l'aréopage, ferait non-seulement amende honorable devant saint Alexis, ce portrait de la chasteté, mais encore qu'elle se donnerait, pendant quinze jours, la discipline, en présence de toute la communauté ; et cela, pour fortifier sa chair, ou pour chasser de son corps toutes les humeurs visqueuses qui pourraient la travailler.

Voulez - vous savoir maintenant quel a été le sort du petit poupon. Hélas ! celui de sa chère maman. Ils sont morts tous les deux le même jour ; l'un de trop d'embonpoint, l'autre d'une perte considérable de sang, qui l'a obligée de déloger d'ici bas, pour se soustraire à la fustigation, et pour aller jouir en haut des récompenses méritées qui lui avaient été promises par le caffard.

Mais oublions les morts, pour nous occuper des vivans, et substituons à cette scène lugubre des scènes plus réjouissantes.

Vous avez vu, ma sœur, de quelle manière on traitait l'amour chez les carmélites. Presque toujours les effets l'emportent sur les apparences, et il n'en est pas, je crois, de même chez vos dames. Il me reste actuellement à vous apprendre de quelle manière nous pratiquions le plaisir. Ecoutez et profitez.

A peine la cloche de la retraite a-t-elle averti toutes mes compagnes de se retirer dans leurs cellules, que sœur Dorothée se dérobe souvent de la sienne, pour venir .... où ? se précipiter dans mes bras. Je ne suis pas encore couchée, qu'elle frappe en tapinois : j'ouvre, la voilà dans mon réduit. Déjà les influences du desir opèrent sur tous ses sens, et bientôt son feu se communique au mien. La friponne ! à quel point elle m'aime ! et combien je l'idolâtre ! Couchons-nous, me dit-elle, ma chère Agathe, couchons-nous toutes nues. Imitons cette reine de Lydie, qui ne se faisait pas scrupule de dépouiller la pudeur avec les habits. Mais quoi ! tu ne me réponds rien. Qu'as-tu donc ? craindrais-tu qeulque chose ? Vas, vas, il n'y a pas du danger à jouer avec moi ; je ne suis point un minime ; et je ne te mettrai pas dans le cas de te faire reprocher, comme à la pauvre Cécile, le fruit de ton incontinence.

Comment trouvez-vous cette réflexion, ma sœur Christine ? n'est-elle pas saillante ? Pour remercier ma petite rusée de son quolibet, je lui décochai un de ces baisers qui sont ordinairement l'écho du plaisir ; et la pressant contre mon sein, je l'entraînai sur mon lit de repos, qui ne l'était pas toujours, puisqu'il était souvent scandaleux. Couchées ensemble, nous n'empêchâmes pas à nos cœurs amoureux de s'épancher l'un dans l'autre, encore moins à nos mains libertines d'exercer leurs licences. Celles de Dorothée voltigèrent sur ma gorge, qui était comme elle devait être chez une religieuse, c'est-à-dire, bien taillée, d'une blancheur de lys, ferme et potelée.

Bientôt les doigts délicats de mon amante chatouillèrent les deux fraises qui sont au milieu de nos deux globes, et qui en font tout l'ornement. Ah! finis, ma chère enfant, lui dis-je, finis, tu es trop sensuelle. Mais quoi! tu continues? Ah! de grace!... Je suis.... oui.. je suis... toute en feu. Mon cœur... Hélas!... Mon cœur pal... pite, et mon .... ha.... leine ex..... pire.

Ce n'était pas assez, ma sœur Christine, de cette première jouissance. On ne pouvait trouver le vrai bonheur, disait ma Dorothée, qu'au centre de la volupté, qu'à la goutière de Vénus. Bras dessus, bras dessous, nous nous entrelassons comme me le lierre, et bouche contre bouche, nous nous provoquons au plaisir.

Après quelques secousses mutuelles, et quelques frottemens réciproques, que résulta-t-il de notre manège ? Hélas! un torrent de délices, un abyme de voluptés. Dieux! quels sentimens n'éprouvions-nous pas! qu'ils étaient vifs, ma chère Christine! qu'ils étaient délicieux! Encore.... Mais quels...... mais quels nouveaux ravissemens ?... Ciel!.... O ciel!.... quels momens délicieux! Ils sont autant d'étincelles de plaisir ravies à la divinité.

Sœur Dorothée et moi, nous étions toutes mouillées. Une liqueur amoureuse coulait le long de nos cuisses, et à mesure qu'elle s'échappait du réservoir, nous tombions en extase. Non, jamais Mirrha ne brûla de tant de passion pour Cynnire. Non, jamais Cynnire ne goûta tant de douceurs sur le sein de Mirrha. Enfin, ma sœur Christine, après avoir plusieurs fois partagé nos âmes, s'il est permis de s'exprimer ainsi, sœur Dorothée se retira dans sa cellule, pour se livrer, ainsi que son

C

amie, à un sommeil doux et paisible. Il faut tout dire ; notre épuisement était à son comble, et nous avions besoin que ce dieu bienfaisant vînt verser ses pavots sur nos paupières, pour réparer nos forces.

Je n'ai pas eu besoin, ma sœur, de ramasser toutes les miennes, pour vous faire parvenir ce croquis, que vous pouvez regarder comme une bien faible esquisse de ce que j'ai encore à vous dire. Jugez, par ce langage, si je ne vous mettrai peut-être pas dans le cas de vous repentir de votre audace. Téméraire ! il vous convient bien de commencer les hostilités ! Etes-vous seulement en état de faire les frais d'une campagne ? Tenez bon, n'allez-pas vous battre en retraite : vous êtes perdue, si vous abandonnez le champ de bataille.

Adieu, ma sœur ; ne manquez pas de recommander à votre Mercure galant, de ne remettre à d'autres qu'à moi-même vos missives.

AGATHE.

TROISIEME LETTRE.

Tu parles d'or, ma chère Agathe. Oui, tu mets aux abois toute ma logique. O que le cloître est une excellente académie ! L'esprit et le cœur y gagnent. J'ose le dire, ce n'est qu'au sein même d'une troupe de vierges, que la métaphysique de l'amour se trouve confinée. Ce petit dieu malin, comme tu sais, y prend toutes les formes, et ce n'est que sous ses aîles qu'on cueille le plaisir.

Mais réponds-moi, ma chère, n'entre-t-il pas un peu, j'oserais presque dire beaucoup de vanité dans ton langage ? Il me semble que tu passes les bornes, et que tu portes trop loin ce qu'on nomme prévention. Tu m'as écrit, sans doute, dans un moment d'ivresse, et tu t'es follement imaginée que les dames ursulines ne devaient glaner dans les champs de l'amour, qu'après que les dames carmélites y avaient fait leur moisson.

De bonne foi, crois-tu que la peinture des vies lubriques de ces dernières, ait plus de force et de de réalité que celle des premières? Ah! rabats, rabats, je t'en prie, de ta petite arrogance, et cesse de t'approprier seule des droits que je peux te contester. Sois intimement persuadée, qu'au milieu de leurs succès et de leurs triomphes galans, mes héroïnes, possèdent aussi bien que les tiennes; pour ne pas dire mieux, toutes les gradations et les régularités des jouissances.

Tu traiteras peut-être tout ceci de bagatelle. Il me semble que je t'entends: tu veux des faits à la place des mots. Hé bien! il faut te satisfaire.

Pour ne pas sortir des règles ordinaires, et ne te rien cacher des circonstances de ma vie, je vais commencer par te dévoiler le secret de ma naissance: j'entrerai ensuite dans le détail des aventures de ma jeunesse, et finirai par l'histoire du cloître. Tu dois sentir qu'il m'en coûte de déchirer le voile qui avait couvert jusqu'à présent mes premières années; mais il y va de l'honneur du corps, et puisque tu me force de lever le masque, j'obéis sans répugnance.

Je suis le fruit des amours de madame de sainte L...., abbesse du couvent de la Visitation de R...., qui ne me conçut dans la ferveur d'une dévotion naissante, que parce qu'elle ne pouvait pas se faire au régime de la continence. Je ne saurais répondre si plusieurs personnes ont effectivement travaillé à la composition de mon individu ; c'est un problême assez difficile à résoudre. Je ne dois pourtant avoir qu'un père, selon toutes les règles de la propagation, et l'on me fait l'honneur de m'en attribuer plusieurs. Quoiqu'il en soit, M. l'archevêque de R...., dont le zèle, sans doute, était alors louable, est réputé pour être le véritable. J'avouerai même, sans craindre de blesser mon amour-propre, qu'il m'est plus glorieux de descendre de son éminence, que du palfrenier de la maison, qui, à cause de sa jeunesse et de son embonpoint, avait trouvé, dit-on, le merveilleux secret d'en compter à madame.

Je ne crois pas, ma chère Agathe, que l'énumération de mes titres t'ait beaucoup fatiguée. Je suis du système de Lock, et je soutiens avec ce philosophe, que tout est bien ; j'insiste même à dire que la bâtardise tient son coin, et qu'il y a quelquefois de l'avantage à naître dans le silence. Il est du moins probable que l'histoire d'une telle généalogie ne se perd pas dans la nuit des tems, et qu'elle n'est pas, comme une infinité d'autres, mêlée de fables et d'obscurités.

Te voilà présentement au fait de toute ma famille : tu sais à qui je dois le jour, et de qui je tiens l'être. Il ne me reste qu'à t'apprendre entre quelles mains je fus livrée pour avoir soin de mon enfance.

Ma mère nourricière s'appelait Mathurine : c'était une de ces bonnes paysannes qui n'avait rien des caillettes de nos jours, qui partait de bon matin de son village, pour venir offrir aux habitans de la ville le tribut de ses bestiaux. Comme elle avait la pratique du couvent, et qu'elle y portait journellement du lait, c'était une raison de plus pour me confier à ses soins. Je demeurai sous sa direction l'espace de sept ans, au bout duquel terme, un émissaire de M. l'archevêque ou de madame l'abbesse, vint m'arracher des bras nourriciers, pour me plonger toute vivante dans ceux de la religion.

Arrivée au monastère des ursulines de M..., on me conduisit tout de suite chez madame la supérieure, qui, après m'avoir fixé tendrement, m'accabla de caresses, et protesta d'avoir pour moi tous les ménagemens qui étaient civilement dûs à une fille de mon rang, c'est-à-dire, ar-chiépiscopale. A en juger par les tendresses que me prodiguait cette bonne mère, on eût dit que je rappelais dans son souvenir les doux momens qu'elle avait peut-être passés avec son émi-nence, qui courait de belle en belle, et qui, pour être fidèle à ses bergères, était esclave du changement et des faveurs nouvelles.

Il est des personnes, ma chère Agathe, qui ont le tact fin et le coup-d'œil juste. Sans outra-ger sa pénétration, madame la supérieure était de ce nombre : elle démêla bientôt dans mes yeux que j'aimerais un jour le plaisir, et que tôt ou tard les émotions les plus séduisantes pénétreraient mon âme. Pour se convaincre apparemment si j'y aurais d'heureuses dispositions, elle me fit dresser une couchette à côté de son lit, disant qu'elle me prenait sous sa protection ; que j'apprendrais sous elle les premiers élémens du christianisme, et qu'elle espérait de ma tendresse et de ma docilité, que je ne la mettrais point dans le cas de rougir de son ouvrage. Une fille plus instruite des usages du monde, n'aurait pas manqué de remercier la supérieure de toutes ses attentions, en lui donnant des preuves non équivoques de son respect et de sa reconnaissance ; mais j'étais si jeune, qu'elle dût naturellement excuser mon ignorance.

Mon petit lit ainsi disposé à côté de ma protectrice, je me déshabillais avec décence, et je me couchais de même. Quelques nuits se passèrent, sans que madame la supérieure me fit la moindre question. Jusques-là sa conduite s'accordait si bien avec la morale chrétienne, que j'aurais juré qu'elle avait été toujours soumise au joug de la sagesse. Mais quelle était mon erreur! je n'imaginais pas que l'on pouvait sans peine oublier la religion et ses ministres, et qu'on ne se brouillait pas si facilement avec l'amour et ses plaisirs. Madame la supérieure voulut essayer du précepte : il lui prit un soir envie de me faire quelques observations préliminaires sur l'état d'une maladie qu'elle feignait avoir, et qui ne pouvait recevoir d'altération, qu'autant qu'on négligeait de la soulager par un acte licencieux. Pour cet effet, madame grimaça des doléances, poussant, par intervalle, quelques soupirs entre-coupés, et tâtonnant dans mon lit pour savoir si je dormais. Qu'avez-vous donc, madame, lui dis-je, avec un air de candeur et de franchise qui m'était alors si naturel ? Il me semble que vous vous trouvez mal. Puis-je vous être utile ? appelerai-je du secours ? C'est ici le lieu d'examiner jusqu'où va la malice des nones, et à quels excès ces monstres femelles portent la dévotion. Hélas! me dit-elle, ma chère enfant, je suis sujette à des vapeurs clitorales ; si toutes les fois que j'en suis attaquée, j'étais obligée de réveiller nos sœurs, à peine goûteraient-elles les douceurs du sommeil : cela ne sera rien, ne vous épouvantez pas. Mais encore, madame, répondis-je, si ces vapeurs cli.... cli.... j'ai perdu le mot, vous causent de grands maux, n'est-il pas un moyen sûr et facile de les faire disparaître ? Parlez, je me prêterai à tout ce qui pourra vous faire plaisir. Je vous tiens compte de vos bonnes intentions, me répondit la supérieure ; je vous répète que cela ne sera rien, ainsi dormez tranquille. Je n'insistai pas davantage ; mais quelques minutes après, je fus fort étonnée de lui entendre prononcer deux ah ! ah ! ensuite un je m'oublie, pour finir l'intermède.

On sent bien que je n'étais pas encore assez ingénieuse pour pouvoir m'imaginer que le plaisir transportait madame, et qu'elle ne craignait pas de souiller la supériorité par des attouchemens. Le lendemain à la même heure, mêmes vapeurs et même langage. Oh! pour le coup, s'écria-t-elle, je ne puis y tenir. Venez, ma chère enfant, venez dans mes bras, que j'essaie de vous serrer étroitement; je trouverai peut-être par-là le moyen de calmer mes souffrances. De ma couchette dans son lit je ne fis qu'un saut; elle de me saisir dévorait le moment. Un baiser à la Florentine, mais le baiser le plus lascif, fut le prélude de la brillante scène où voulait en venir madame. Elle m'étouffait à force de me presser contre son sein; je me plaignis, elle lâcha prise. Hé bien! madame, lui dis-je alors, comment vous trouvez-vous? êtes-vous soulagée? Au contraire, mon enfant, répondit-elle, vous m'avez mise tout en feu, et je sens, oui, je sens que mon mal empire. Mais à quel endroit de votre corps, reprit-je naïvement, sentez-vous, ma mère, ces vapeurs auxquells vous avez donné un nom si singulier? A peine eus-je prononcé, qu'elle s'empara de ma main droite pour lui en faire faire la découverte. Innocente comme je l'étais, pouvais-je m'imaginer que ma main devait être d'un heureux présage pour madame la supérieure, et que son office l'emporterait sur toutes les ordonnances des graves disciples d'Esculape? La première tentative fut de porter le remède sur sa gorge, en me disant que depuis qu'elle se connaissait, il lui avait toujours paru que les vapeurs clitorales qui ne cessaient de l'assiéger, prenaient leur source dans cet endroit, et qu'elles allaient se concentrer dans la partie la plus affligée, qui était précisément celle où l'on commençait à cueillir, dans le monde, les premiers fruits de l'amour. Tout en narrant, elle faisait en sorte d'appliquer le baume à la douleur; mais instruite d'avance des faveurs que j'allais lui prodiguer, bientôt mes doigts se trouvèrent par le mouvement des siens, sur une petite éminence distribuée par petits toupets, qui arrêtèrent leur marche. C'est-là, me disait-elle alors: ah! c'est-là, ma chère enfant, que sont réfugiés tous les démons qui me tyrannisent sans cesse; et c'est ainsi, ajouta-t-elle, en me prenant l'index, qu'il faut frotter cette partie infernale.

Déjà

Déjà mon doigt opère; elle s'écrie : A merveilles.... bien..... là.... continuez.... Je commen-
çois pourtant à me lasser, lorsque j'entendis madame la supérieure soupirer et se plaindre, à-peu-
près comme elle avait fait la veille. Enfin, je
baissai la toile, et mon actrice termina son rôle,
par mon ame s'envole, et les démons délogent.

Quelques ignorans que fussent mes doigts, je
ne me serais pas attendue qu'ils eussent produit un
tel effet, encore moins qu'il eût été si prompt.
Madame la supérieure me remercia très-affectueu-
sement, et me dit, d'un ton persuasif, que pour
me récompenser de mon zèle, elle me permettrait
de reposer, de tems en tems, dans sa couche, faveur à la quelle, selon son langage, aucune pensionnaire n'avait eu l'honneur d'être admise.

Est-il possible, ma chère Agathe, de dissimuler plus adroitement, et une telle politique
n'est-elle pas bien entendue ? Je ne lui refusai pas,
si tu veux, la justice de la croire vraie ; mais
pour chaste, je te réponds qu'elle ne l'était pas.
Il s'en fallait beaucoup que le duvet sur le quel

D

mes doigts avaient gesticulé, militât en sa faveur. Il était si dégarni, si molasse, qu'il donnait facilement à comprendre que les appas de madame avaient été, dans leur jeune âge, trop dévoués au plaisirs, pour que désormais ils ne fussent pas inutiles au monde.

Pardonne-moi, ma sœur, cette courte digression : je ne l'ai mise au jour que pour finir cette scène, qui va bientôt t'en amener une autre, mais d'une nature toute différente, et à laquelle j'ai toujours donné la préférence. J'aime tu le sais, les peintures animées ; et si les représentations au naturel ne te déplaisent point, tu peux bien croire que n'étant plus faites pour Christine, elles ont été du moins de son goût. Je poursuis.

Lorsque madame la supérieure fut levée, elle me tint mille jolis propos ; elle m'embrassa, contre l'ordinaire, je ne sais combien de fois, en me prodiguant un déluge de tendresses. A mesure qu'elle se consumait en sensibilité, je pénétrais qu'elle cherchait, dans mes yeux, un moyen de se satisfaire. Ses regards étaient mourans, et son

visage coloré. Je pris de là occasion de lui demander si elle n'était pas encore attaquée des mêmes vapeurs qu'hier au soir, en ajoutant qu'au
cas que cela fût, elle avait affaire à des démons
bien opiniâtres. J'attendais, avec impatience,
que le chaos de ses idées se débrouillât pour me
répondre, et que je soupçonnais qu'elle allait réaliser mes prédictions, lorsque j'entendis qu'on
frappait à la porte. Je me levai pour aller ouvrir,
et le premier objet qui s'offrit à ma vue, ce fut
un jeune garçon à-peu-près de mon âge, d'une
figure ordinaire, mais assez bien taillé, et pro-
mettant beaucoup. Ah! te voilà, mon cher Etienne, dit alors madame la supérieure : tu viens aujourd'hui de bien bonne heure. Où as - tu donc
cueilli ces fleurs que tu m'apportes ? Une partie
dans votre jardin, et une partie dans le nôtre répondit le petit Etienne : elles sont encore toutes
fraîches ; mettez - les, madame, dans vos vases.
Mais, dis-moi, mon ami, que te donnerai-je,
pour te remercier de tant de soins et de tant d'attentions ? Je ne vous demande rien, ajouta le

petit bon homme, sinon que je vous prie de me continuer toujours vos bontés, et d'être intimement persuadée que je n'aspire qu'à la gloire de pouvoir les mériter. Je ne m'en rendrai digne, je crois, que lorsque je saurai bien à fond le jeu de *Colin Maillard*.

Je t'avouerai, ma chère Agathe, que j'étais enchantée des réponses naïves du petit Etienne : je le dis à ma honte, je lui trouvais une intelligence au-dessus de son âge, et peu s'en fallut que je ne rougisse de l'ignorance crasse où j'avais vécu jusqu'alors. Maître Mathurin, quoique bailli de sa paroisse, ne m'avait appris qu'à faire la révérence, encore m'en acquittais-je à la villageoise, et d'une manière si gauche, qu'on m'aurait plutôt prise pour une bergère qui garde les moutons, que pour la fille d'un archevêque.

Enfin, par les regards tendres et lascifs que jetait sur le petit Etienne madame la supérieure, et qui assurément n'étaient pas apostoliques, je compris que le jeune grivois entrait pour quelque

chose dans la variation de ses plaisirs. Je ne me
trompais pas, car un moment après elle le fit
passer dans un petit cabinet qui donnait derrière
son lit, non pour y enfiler des perles, comme
on dit, mais pour y faire quelque autre chose.
La supérieure, qui ne me croyait pas capable de
pénétrer dans les mystères de la nature, vu mon
ingénuité, me fit asseoir à côté de la fenêtre, et
me recommanda de regarder de tems en tems
dans le jardin, pour voir si aucune des pension-
naires ne s'amuserait point par hasard, à dégrader
les arbres fruitiers qu'on avait plantés vis-à-vis son
appartement, qui lui formaient une agréable
perspective.

Le tems était court, comme tu peux te l'imaginer, et madame la supérieure voulait le mettre
à profit. Bientôt elle vole dans les bras de son
cher adonis, qui brûlait, sans doute, du desir
d'offrir son sacrifice, mais qui était encore trop
jeune pour le consommer. Quoi qu'il en soit, il
ne laissait pas que de satisfaire chez la none la
nécessité du plaisir, et c'était beaucoup.

D 3

Moins lasse d'être en sentinelle, que curieuse de savoir ce qui se passait dans ce réduit qui avait été souvent le témoin des jouissances de la vieille fée avec le petit dieu je marchai le plus doucement qu'il me fut possible, et je parvins en tapinois à la grotte des délices.

Il n'y avait qu'une petite cloison qui me separait des combattans : je n'avais pas, à la vérité, la liberté de les voir, mais je pouvais comprendre assez distinctement leurs entretiens. Pousse, disait la maîtresse d'école à son jeune écolier. Ah ! pourquoi ton trait ne peut-il pas me percer comme je le desirerais ! pourquoi la nature ne t'a-t-elle pas plus avantageusement pourvu ! Enfonce mon enfant, enfonce mon roi, mon petit cœur. Encore un peu. Fais actuellement, fais aller ta petite cheville. Bien. Poursuis ainsi la besogne, et tu combleras mon bonheur. O que je t'aime, ajouta t-elle un moment après, et d'un ton attendri. Ferme..... Remue vîte..... Rends-moi secousse pour secousse, et transports pour transports. A !.... Ah !..... Ah !.....

A ces trois monossyllables, qui ravissaient madame en extase, et qui la comblaient des plus doux plaisirs, succéda bientôt le signal qui devait hâter se défaite.

Mon premier soin fut de regagner alors le poste qui m'avait été assigné, fermement résolue d'observer le visage du petit Etienne, lorsqu'il paraîtrait à mes yeux, et fâchée, en même tems, de ne pouvoir jouer avec lui à ce qu'on appelait *Colin Maillard.*

Avec quel plaisir, ma sœur, ne me serais-je pas livrée à ses transports! Nous étions tous les deux à-peu-près du même âge, et mon fourreau, conséquemment, je ne crois pas me tromper, devait être en proportion de son épée.

Madame le supérieure sortit la première de son cabinet, un peu embarrassée de sa contenance, à la vérité, et au travers de laquelle on observait aisément une démarche étudiée. Elle feignit d'abord de gronder le petit bon-homme, sur sa mal-adresse à dévuider un peloton de laine fine, qu'elle disait lui avoir donné ; mais au lieu de prendre le change, je commençai à ouvrir les yeux, et je pénétrai son langage qui n'avait plus rien d'obscur pour mon esprit.

J'examinai ensuite sa figure, qui, pour l'ordinaire, approchait plutôt du pâle que de l'incarnat, et je ne fus pas peu surprise de la voir extrêmement montée en couleur. D'où peut venir, me disais-je à moi-même, une semblable révolution? Ah!.... j'y suis. Il est hors de doute, ajoutai-je par réflexion, que la petite cheville du cher Etienne, n'ait été capable d'opérer une telle merveille.

Un moment après, je le vis sortir de sa prison, qui n'avait rien eu de désagréable pour lui, encore moins pour madame. Mais qu'il était beau, ma sœur! qu'il était rayonnant! Figure-toi voir le soleil, lorsqu'il s'échappe du sein de l'onde. L'assaut qu'il venait de soutenir lui avait prêté de nouveaux charmes que je ne lui avais pas encore apperçus; et dès ce moment, je sentis, dans mon petit cœur, certains mouvemens de palpitation qu'il n'était pas encore en mon puuvoir de définir, mais qui semblaient me dire que je ne pourrais pas me soustraire désormais à l'impression de tant d'appas.

Madame la supérieure, qui fixait tendrement Etienne, et qui lisait dans ses yeux le plaisir qu'elle avait goûté, lui demanda, par ironie, s'il avait fini sa besogne. Oui, ma mère, je l'ai finie, répondit-il, ingénument; et si vous n'êtes pas satisfaite de mon travail, ajouta le petit égrillard, je suis prêt à le recommencer. Une semblable réponse dut naturellement surprendre la supérieure : elle y sourit malicieusement, et deux petits verres d'eau d'anis furent non-seulement le salaire de ses basses œuvres, mais encore le prix de sa bonne volonté.

Tu vois, ma sœur Agathe, combien je suis exacte dans mes narrations; tu vois avec quels traits, avec quelles couleurs naturelles je te peins les feux lascifs de ma nouvelle maîtresse; je dis maîtresse, parce qu'elle s'était proposée de me régenter, et qu'elle me régentait effectivement. Cependant sa doctrine n'était pas si efficace que celle du petit Etienne, qui, comme tu vas voir, entreprit de faire auprès de moi, sans en donner, bien entendu, connaissance à la supérieure, ce qu'un jeune et vigoureux époux fait ordinairement à sa chaste épouse la première nuit de ses nôces.

Un jour qu'il faisait beau, tandis que la supérieure se promenait dans le jardin pour dissiper une migraine qui l'avait empêchée de dormir, la voix du petit Etienne se fit entendre à notre porte. Comme j'étais encore couchée, et que je présumais que madame la supérieure, qui ne venait que de sortir, n'avait pas fermé la porte à clef, je lui criai d'entrer : il fut ponctuel à l'odre, et moins timide que je ne l'aurais cru.

Quoi ! mademoiselle, me dit-elle, vous êtes encore couchée? Où est donc madame la supérieure ?

Il n'y a qu'un moment qu'elle est dehors, lui répondis-je, et si je ne me trompe, elle promène sa migraine sous les charmilles du jardin.

Ah ! vous mériteriez bien, répliqua-t-il, puisque nous sommes ici seuls, et que personne nous entend, que je prisse la liberté de vous donner le fouet, pour vous apprendre à dormir les uns sans les autres.

Je ne dors pas, comme vous voyez, M. Etienne, car je veille ; et si vous voulez que je m'explique avec franchise, je veillais encore moins l'autre jour, puisque je vous entendis jouer avec madame, dans ce cabinet, à votre jeu de *Colin Maillard.*

Ah ! petite rusée, vous nous écoutiez donc ? Cela n'est pas bien ; et je m'en vais de ce pas, raconter à madame la supérieure ce que vous venez de me dire.

— Etienne, mon cher Etienne, arrêtez ! quel plaisir trouveriez-vous à me faire gronder ? Qui sait ? irait-on peut-être jusqu'à me battre.

Hé bien ! reprit alors l'ingénieux Etienne, je ne révélerai rien ; mais je mets une condition à mon marché, c'est de permettre à mon oiseau de prendre quelques ébats dans votre cage.

Je l'envisage d'un air riant, c'en fut assez pour lui faire comprendre que je n'étais pas cruelle, et que si le badinage lui plaisait, il ne me déplairait pas. Il porte tout de suite la main à sa brayette, et en fit sortir un petit dard, qui semblait avoir été fait exprès, disait-il, pour se nicher dans ma vélouse.

C'est la véritable quille, ajouta le petit drôle, dont se sert ordinairement madame la supérieure, pour jouer à *Colin Maillard*; elle est le joyau chéri avec lequel notre mère trafique. Permettez que j'essaie si je serai plus heureux avec vous qu'avec elle ; car je ne gagne jamais, tout le profit est de son côté. Il me prit aussitôt dans ses bras ; et après m'avoir mise dans la situation la plus propre à recevoir son offrande, il dirigea lui-même le poignard qui devait égorger la victime ; mais soins superflus, et peines inutiles. Il entreprit vingt fois de couronner son amour, et pendant vingt fois il eut

la

le malheur de rater sa belle. Nous étions trop jeunes, l'un et l'autre, pour mesurer nos armes : il ne nous était pas encore permis de précipiter la fin de nos courses par des voluptés réelles. Enfin, Etienne impatient d'exercer, sans fruit, son savoir faire, et craignant, en outre, que madame la supérieure ne nous surprît, colla, pendant trois fois, sa bouche sur la mienne, et remit à un autre jour le soin de renouveler ses transports, et de passer peut - être un plus heureux quart-d'heure.

Ah ! ma chère Agathe, de combien de mouvemens secrets ne fus-je pas alors agitée! si, d'un côté, de savoureuses idées semblaient disposer mon tendre cœur aux agréables délices qu'allait me préparer Etienne, de l'autre, j'étais travaillée d'une cruelle inquiétude. Mon amant, à la vérité, était doué de toutes les graces qu'on prête aux Cupidons. Je sentais qu'il avait fait beaucoup pour moi, et qu'il n'avait pas encore assez fait.

Fils chéri de l'amour ; il en avait la jeunesse ;

E

mais hélas ! en avait-il les forces , en possédait-il l'énergie ? C'était-là mon chagrin.

Une démangeaison terrible , mêlée d'une chaleur douce , circulait dans tout mon corps. J'attendais avec impatience le retour du petit Etienne , pour assouvir ma passion naissante , et pour mettre , dans ses bras , le comble à mes désirs. Peut-être, me disais - je à moi-même, ne serons - nous pas un autre fois malheureux au point de nous essouffler à pure perte, sans éteindre nos desirs. Flatée par cette illusion, j'aimais à m'y livrer, et je n'imaginais pas que ma virginité devait encore jouer un rôle pénible , avant que d'être admise à la pratique des plaisirs.

Madame la supérieure , qui était dans le jardin, ne tarda pas à paraître. J'appréhendais qu'elle ne trouvât, dans son chemin, le petit Etienne, qui s'y prit sans doute de manière à pouvoir l'éviter, car l'amour est ingénieux. J'étais rêveuse, et une langueur inconnue s'était emparée de mon âme. La supérieure s'en apperçut : elle me de-

manda ce qui pouvait occasionner cet air de tristesse et de nonchalance où je paraissais plongée.

Je ne sais, madame, lui dis-je, ce qui se
passe dans le fond de mon cœur; mais je sens
que je ne suis pas à mon aise, et qu'il manque
quelque chose à ma félicité.

Je vois bien, ma fille, reprit alors madame,
que l'ennui de la solitude vous gagne, et que vous
regrettez sans doute le village. Il faut pourtant,
continua-t-elle, que vous vous fassiez à notre
genre de vie; car il n'a pas plu à la fortune de
vous combler de ses faveurs. Vous étiez encore au
maillot, quand vous perdîtes votre mère; et
votre père, inconsolable d'une telle perte, en
mourut de douleur huit jours après. Voilà ce qu'en
conscience je me crois obligée de vous apprendre,
non pas dans le dessein de vous faire de la peine,
puisque ce sont des malheurs qu'il faut oublier,
mais afin que vous sachiez qu'il est absolument
indispensable que vous vous soumettiez aux dé-
crets du sort, qui veut que vous viviez et que
vous mouriez dans le cloître.

E 2

Cela étant, madame, repris-je, je me conformerai en tout à vos volontés; et puisque vous me prenez sous vos auspices, j'avoue que j'aurais grand tort de vouloir m'affliger.

Satisfaite de ma réponse, madame la supérieure me prit dans ses bras, me pressa tendrement contre son sein, et me fit de rechef un de ces baisers à la Florentine dont je t'ai déjà parlé. Elle voulut même ce jour-là, que je partageasse avec elle les honneurs de sa couche, et que livrée à tout ce que l'amour a de plus sensuel, je lui procurasse des amusemens plus sensuels encore. A peine fûmes nous couchées, qu'elle essaya de puiser sur mon sein de nouvelles flammes. Elle semblait exiger qu'une liberté souveraine présidât à nos plaisirs: du moins elle en bannit toute contrainte.

Laissez, mon enfant, me dit-elle, en me plaçant sur son ventre, laissez à mon cœur le soin de se satifaire.

Je demeurai l'espace de quelques minutes dans cette modeste attitude, en attendant qu'elle me désignât le rôle que je devais jouer. Bientôt elle me caressa d'une ardeur incroyable, et portant ses mains sur les parties les plus secrettes de mon corps, je trouvai ce manége aussi nouveau que bizarre. J'avouerai cependant que ses attouchemens libres et lascifs n'avaient rien pour moi de déplaisant , et que j'éprouvai, pour la premiere fois, un plaisir jusqu'alors étranger à mes sens.

Au milieu de ces agréables sensations, madame la supérieure ne rompit le silence , qu'afin de me dire que la petite fente sur laquelle ses doigts jouoient , serait un jour ombragée d'une mousse charmante, et que jusqu'alors je ne jouirais qu'imparfaitement des douceurs inexprimables que cette partie nous procure.

Je lui répondis aussi-tôt que je ne savais ce qu'elle entendait dire par cette mousse charmante dont elle étalait si pompeusement les merveilles. Elle me prit d'abord la main , et la portant sur le duvet où elle s'était déjà distinguée par je ne sais quelle opération, voilà, me dit-elle , ce que la nature a fait croître pour notre bonheur : on donne le nom de mousse charmante à ces soies fines que vous touchez, et qui servent d'ornement à l'entrée du temple.

Madame la supérieure, qui, depuis son installation dans le grade éminent, n'avait pas manqué de mettre en usage tous les genres de paillardise connus, n'en voulut pas demeurer à ce prélude; elle tenta le point introductif; et en bonne théoricienne, qui entend à merveille la pratique, elle fit entrer, par gradation, un de mes doigts dans cette partie infernale qui récélait, je crois, tous les démons du Ténare, et qui semblait invoquer tous les aspersoirs du vatican, pour donner la chasse à cette canaille.

A peine eut-elle senti les effets de mon doigt, qu'elle soupira profondément. Bientôt elle tomba dans ces extases délicieuses, qu'il est bien plus facile de sentir que de dépeindre. Non, disait-elle, il n'est pas possible que dans l'Empirée on jouisse d'un bonheur plus parfait. Ah! mon enfant!..., ma chère enfant!.... c'en est trop...... oui, le plaisir est sur la terre; il n'est échauffé que par les rayons du feu divin. Achève, ma poulette, achève le sacrifice : enfonce, ne crains pas de me faire du mal : enfonce le plus avant qu'il te sera possible. En prononçant ces derniers mots, elle empoigna ma main, et dans la chaleur de l'action, peu s'en fallut qu'elle n'entrât toute entière dans sa large embrasure. Je la retirai toute glutineuse, et ne sachant où l'essuyer : il me vint enfin une idée, ce fut d'en graisser la crinière de madame, qui n'offrait au-dessous que la perspective d'une énorme cavité, et d'un spacieux orifice.

C'est ainsi, ma sœur Agathe, que se termina cette libation, qui après avoir ralenti l'ardeur de ma vieille futaille, se livra ainsi que moi, aux douceurs du sommeil. La tendre image du petit Etienne se retraça toute la nuit dans mon imagination, et à mon réveil, je n'ouvris les yeux que pour chercher cette idole de mon cœur.

Madame la supérieure m'avait mise toute en feu, et je brûlais du désir de revoir le *jeune Gars si propre à la fillette*. Il avait exigé de ma complaisance que je lui permisse le badinage ; il était bien juste que j'exigeasse, à mon tour, des preuves, non simulées de toute sa tendresse. Le pauvre enfant ! il y avait plus de deux heures qu'il était en faction dans un coin du jardin : il guettait le moment où il plairait à madame de descendre, soit pour promener sa migraine, soit pour donner audience à ses pensées. Impatient d'attendre, mon petit amour était sur le point de rétrograder, lorsqu'il apperçut l'embaucheuse qui avait eu le bonheur de cueillir ses prémices.

Je n'ai fait, me dit-il, en entrant, qu'une gambade du jardin dans cette chambre. Nous avons aujourd'hui beau jeu, ajouta-t-il, et nous nous divertirons tout à notre aise. Dis, ma bonne amie, est-ce que ton cœur ainsi que le mien, ne nâge pas dans la joie ? N'es-tu pas aussi contente de me voir, que je le suis moi de te posséder, et de te presser contre mon sein ? Viens, mon cœur, viens, que je t'embrasse. Ah ! que de délices je te prépare ! Mettons-nous sur ce canapé ; vois comme il nous invite à prendre nos plaisirs ; il semble me reprocher que je suis en reste avec toi, ainsi ... Tu m'entends, tu *sais ce que parler veut dire*. Aussi-tôt il se saisit de sa proie, et m'étendant tout de mon long sur le canapé, son premier début fut de lever mes cotillons, ensuite ma chemise ; ensuite il avança pour arriver au but, sa petite broquette. Dieu ! qu'elle était chaude ! Tu ne la mets pas bien, lui dis-je : monte-là un peu plus haut ... encore un peu ... Bien .... t'y voilà. Etienne et moi, nous faisions des efforts incroyables, pour arriver au centre des plaisirs, lorsqu'une furie, jalouse sans doute de notre bonheur, nous surprit dans une posture qui n'était pas des plus décentes. C'était madame la supérieure : elle resta comme pétrifiée, indécise si elle avancerait, ou si elle reculerait. Etienne et moi, nous nous regardions : nous étions confus au superlatif, et nous ressemblions positivement à ces criminels qui ne sont à genoux aux pieds de leurs juges, que pour entendre leurs sentences. Enfin, la scène lubrique dont madame la supérieure venait d'être spectratrice, lui causa une si grande révolution qu'elle s'évanouit. Malheureusement sa tête, en tombant, alla donner contre un prie - dieu qui lui causa la mort. Le petit Etienne profita de cette chûte pour décamper ; je le vois courir encore. Pour moi je ne tardai pas à sortir, et à crier au secours. Dans un moment, toute la chambre fut pleine de nones ; les essences, les odeurs, les esprits les plus subtils, tout fut mis en usage, mais tout fut inutile. Le coup était mortel, il avait porté sur la tempe.

Un évènement aussi imprévu, mit, pendant quelques jours, toute la maison en alarmes. Les unes étaient bien-aises de ces contre-tems ; en mon particulier, j'en fus un peu chagrine ; mais l'idée de revoir bientôt Etienne, et de n'avoir plus devant mes yeux un *argus* incommode, ne tarda pas à remettre mon ame dans son assiette naturelle.

Pardonne-moi, ma sœur, si j'abandonne le fil de mes galanteries. Je le reprendrai demain ; je suis lasse, voilà plus de trois heures que j'écris. Adieu, ma bonne amie, je suis toute à toi. Ne manques pas sur-tout de me donner des

nouvelles du confessionnal, et souviens-toi de
ne plus te servir dans tes lettres des expressions
respectueuses de *vous* et de *moi*. Un pareil langage n'est pas fait pour l'amitié. Adieu encore
une fois.

CHRISTINE.

RÉPONSE.

ES T-CE un songe, ma chère Christine? ou si j'en dois croire mes yeux? Ils ne peuvent suffire à voir tant d'holocaustes, ni mon imagination à les concevoir. Quoi! tu n'avais pas encore deux lustres, et tu étais si bien instruite? Ah! permets-moi de te dire que je ne compte voir qu'en idée les quatre scènes lubriques dont tu viens de me régaler.

Je te vois venir, ma sœur Christine. La vanité nous tend quelquefois des pièges qu'il est presque impossible d'éviter. Le langage de la galanterie est aujourd'hui un langage à la mode. Tu as voulu te mettre sur les rangs, pour te donner sans doute un ton; ou (je crois l'avoir deviné) pour ne pas souffrir qu'on t'humilie. Non, non, je ne rabattrai rien, sois en sûre, de ma *petite arrogance*. Tu es caustique par fois; mais si jamais tu l'emportais sur une carmélite,

je

je me donnerais presque au diable , pour m'élever au-dessus d'une ursuline.

Ne vas pas, ma sœur Christine , te piquer au jeu. Ni ta métaphysique, ni les réflexions qu'elle te fait naître , n'ont rien de révoltant. Je n'ai fait semblant de briser l'humeur , que pour un peu me divertir , et si tu te persuades que j'aie voulu rire à tes dépens, tu as la balle en main : il t'est loisible d'en user de même à mon égard : venons au point essentiel.

Tu me recommandes de ne point oublier le confessionnal : je t'entends. Tu soupires après quelques unes de ces scènes galantes qu'inspire la volupté , et tu voudrais savoir si nous n'aurions pas trouvé le secret, monsieur l'abbé et moi, d'en imaginer des nouvelles. Tu sens bien qu'une pareille découverte ne demande pas beaucoup de tems pour y réfléchir. Il n'est rien (qui d'entre nous l'ignore) de plus ingénieux que l'amour. Il lève toutes les difficultés; il court, il va, il vient; il franchit tous les obstacles. Enfin , monsieur

F

l'abbé de L....., est un prodige au-dessus de l'expression : oui, un prodige.

C'est peu de se représenter l'amour le plus tendre et le plus passionné, qui jette sur sa maîtresse les regards les plus lascifs ; qui, enchanté de lui faire goûter le bonheur, brûle de ce feu charmant qui ne s'éteint que dans le réduit des sensations, dans ce temple délectable, où l'on fait volontiers des sacrifices à Venus. C'est peu de se représenter le héros le plus galant, en habit de combat, qu'une idée d'extase ravit à lui-même, et qui n'y revient bientôt, que pour doubler et tripler la victoire. Juge, ma bonne amie, juge des brillantes vertus de notre directeur.

Ah ! ma chère, qu'il est doux de pouvoir jouir des plaisirs dérobés ! qu'ils sont piquans ! S'ils n'offrent pas un chemin aisé, est-il au moins semé de fleurs, et la jouissance n'en est que plus parfaite. O ! que tu avais bien raison de dire que monsieur l'abbé de L...., n'était pas *hérissé de scrupules*, et qu'il n'avait *rien des solitaires de la Thébaïde*. Autant il aime les plaisirs, autant il narre avec noblesse, il embellit tous les sujets qu'il traite.

Après avoir soutenu avec moi les attaques les plus vives, sans avoir pourtant succombé, je le priai de vouloir bien m'éclairer sur la religion et la nature, en alléguant que, quelque effort que je fisse, il ne m'était guère possible de concilier l'un avec l'autre, parce que ces deux points essentiels me paraissaient inconciliables.

Volontiers, me répondit mon docteur ; et quoique j'en aie pour une bonne heure à parler, je trouve néanmoins que c'est exiger bien peu, pour vous tenir compte des sacrifices que vous venez de me faire. Souffrez que je vous fasse encore un baiser.... Encore un .... Ah ! qu'ils sont doux ! et qu'ils vont me rendre éloquent ! je commence. Nous naissons tous bons, et nos facultés intellectuelles ne se développent qu'avec l'âge ; encore est-il certains individus qui semblent être condamnés à rester toute leur vie au maillot. Vrais automates, ils ne savent pas démêler le mensonge de l'erreur ; ils vivent et meurent dans l'ignorance la plus crasse.

C'est le plus souvent des instructions que nous recevons dans le cours de notre jeunesse, que dépendent le bonheur ou le malheur de nos jours.

Etes-vous garçon, on ne vous retire des mains de votre nourrice, que pour vous livrer, avec confiance, entre celles d'un pédagogue, qui ne manque pas de vous distribuer ses portions d'intelligence, et qui force quelquefois votre petit babil de se proportionner à la mesure de ses idées.

Etes-vous une fille, on vous confine dans un cloître ; pourquoi faire ? pour bégayer le sentiment ; pour être, tout-à-la-fois, voluptueuse et libertine avec décence, pour vous apprendre, enfin, à joindre la pudeur aux graces théatrales.

Ne voilà-t-il pas, ma sœur, de beaux préceptes d'éducation ? Et ne conviendrez-vous pas qu'on ne saurait payer trop cher de semblables moralistes ? Poursuivons.

A peine le garçon a-t-il deux lustres complets,

qu'on ne cesse de lui dire que son premier devoir est d'observer les lois, et de ne jamais les violer, sans s'embarrasser si elles sont humaines ou barbares. Dans le second on lui fait sentir qu'il faut aimer Dieu, la religion et ses ministres. On n'oublie pas sur-tout de lui déployer toute la légende des matyres; de ces saints entêtés, qui ont mieux aimé périr par le fer ou par le feu, que de renoncer à des erreurs qu'ils ont sucées avec le lair. Il en est de même des filles : on calque dans leur esprit les mêmes principes, il en résulte les mêmes conséquences. Souvent la supérieure, dans le tems de la conférence (et vous le savez mieux que moi-même), ne manque pas de dire à ses jeunes pénitentes, qu'elles doivent être jalouses de leur virginité, tandis qu'elle ne rougit point de souiller la sienne par des actes luxurieux; que pour attiédir les desirs de l'amour, il faut qu'elles jeûnent, prient et se macèrent, tandis qu'elle boit, mange et se divertit, enfin, que la religion est le point le plus important, et que quand il s'agit des intérêts du ciel, il faut absolument céder à la voix de Dieu, tandis-qu'elle-même cède à celle du diable.

Voilà, ma sœur, quels sont, en abrégé, les documens qu'on grave dans nos cœurs; et c'est à des pareilles institutions, qu'on nous force, en dépit du bon sens, de devoir nos idées : venons au chapitre de la religion.

Tout l'attirail de la religion, ma sœur, ne saurait avoir rien d'imposant pour les personnes éclairées : c'est un préjugé favorable à l'erreur, et il est nécessaire que le levain de la superstition subsiste. Quoique la plupart la regardent comme la boîte de Pandore ; quoiqu'un grand homme ait dit que, *de toutes les erreurs la plus dangereuse, c'est l'erreur divinisée*, son système est néanmoins utile, en ce qu'il règle la multitude, et qu'il contient dans le respect la boue de la canaille.

Un homme érudit, par exemple, s'il est obligé de plier sous le joug du sacerdoce, il ne se soumettra que politiquement. Il sait que ses principes n'ont pour base que l'intérêt, et qu'ils sont

destructifs, par conséquent, de la saine morale ;
il sait que la tyrannie religieuse et politique, n'est
visiblement antée que sur la superstition, et que
quelque effort qu'on fasse pour abattre les têtes
renaissantes de cette hydre cruelle, on n'en viendra
jamais à bout ; il sait qu'il est des circonstances
où il faut nécessairement révérer le mensonge ; que
souvent la violence est inséparable de l'imposture,
et que l'empire des prêtres, de ces dieux despotes
et subalternes, ne serait pas de longue durée, si
l'on sentait une fois le prix de la vérité.

Il sait, enfin, et la preuve en est convain-
quante, qu'il n'appartient qu'au sacerdoce de faire varier comme un thermomètre le dieu puissant
qui les soutient. Ici c'est un tyran redoutable ; là
c'est un père tendre. Tantôt on le peint armé de
son foudre vengeur, devant qui tout l'univers
doit trembler, et prêt à exterminer ses faibles
créatures. Tantôt on le représente sous des traits
plus radoucis, toujours animé du desir de nous
secourir, aimant et chérissant ses pauvres
enfans.

Quelle dissonance dans les opinions ! vous voyez, ma sœur, qu'on attribue à la divinité des vertus et des vices, ce qui est pourtant incompatible avec son essence ; et que ce mélange périodique de variations, décèle l'ineptie et la stupidité de l'homme.

Chaque secte a sa religion à part. Les Mahomet, les Omar, les Ali, n'ont été que d'heureux imposteurs qui n'ont dû leur gloire qu'à la faiblesse et à l'imbécillité des peuples.

« Je suis, dit Jehovah, un dieu jaloux,
» vindicatif, impitoyable. Hébreux ! je ne vous
» ai tirés des fers que pour servir à ma jalouse
» fureur.

» J'abandonne à votre rage, la personne et
» les biens de l'impie Cananéen. Dépouillez,
» exterminez des nations qui m'irritent par leur
» culte ; périsse tout mortel qui ne me connaît
» point ; que l'enfant à la mamelle, que la
» femme éplorée, que le vieillard débile, que
» la brute elle - même soient impitoyablement

» égorgée. Ne craignez rien , je marche à votre
» tête ; je dirige vos coups, j'applaudis et je
» récompense votre inhumanité ; je suis le dieu
» des armées. C'est moi qui crée le juste et l'in-
» juste ; la vie et la mort sont à moi ; toute la
» terre est mon domaine : Obéissez et tremblez,
» car je suis le seigneur ; je venge la désobéis-
» sance des pères sur leurs enfans inconnus.

» Ecoutez, s'écrie Molooch, Tyriens et Car-
» thaginois ! je suis un dieu sanguinaire ; faites
» nager mes autels dans le sang. Pour me rendre
» favorable, que la flamme dévore vos enfans ;
» que la mère endurcie me présente d'un œil sec
» son fils palpitant. Mon oreille est charmée
» des cris de l'innocence ; mon odorat est flatté
» de la fumée des chairs brûlées : c'est en étouf-
» fant la nature , que l'on réussit à me plaire.

» Romains ! combattez avec fureur, (leur
» disent des dieux injustes, qui leur abandon-
» nent la terre pour la ravager) ; que le guer-
» rier se dévoue et périsse avec courage ; que la
» férocité soit pour vous la première des vertus ;

» vos dieux approuvent la rapine et le meurtre ;
» accomplissez leurs ordres cruels ; que vos bras
» victorieux fassent du monde entier le séjour du
» carnage ; que le genre humain soit égorgé sur
» l'autel de la patrie ; que la nature lui soit im-
» molée sans pitié.

» Mexicains ! (dit un dieu sauvage) volez à
» la conquête ; attaquez vos paisibles voisins ;
» saisissez des captifs pour les égorger devant
» moi ; que leurs cœurs fumans me soient of-
» ferts. Je suis affamé de chair humaine ; songez
» à me rasssaier, ou craignez mon courroux.

» Mortels, engendrés dans la colère ! (dit
» le dieu des chrétiens), prosternez vos fronts
» dans la poussière ; immolez votre raison ; sa-
» crifiez-moi vos penchans les plus doux ; fuyez
» les plaisirs de la vie ; détachez-vous de vous-
» même et des objets que la nature vous rend
» chers : laissez un monde pervers ; je suis ja-
» loux de votre cœur ; rendez-vous misérables ;
» que l'amertume et la tristesse empoisonnent
» vos jours : je ne vous ai donné l'être, que

» pour me repaître de vos douleurs ; ce monde
» n'est qu'un passage où je prétends vous éprou-
» ver : souffrez, priez, gémissez ; affligez vous dans
» cette vallée de larmes : j'aime à voir couler
» vos pleurs ; j'entends, avec plaisir les accens
» plaintifs de vos gémissemens : vos hurlemens
» suspendront peut - être mon tonnerre. Quel
» bonheur pour vous de me connaître ! Sachez
» que je réserve des tourmens éternels à quicon-
» que ignorera mes volontés énigmatiques. La
» raison m'est en horreur, je vous en défends
» l'usage ; vivez dans les alarmes ; nourrissez-
» vous dans les frayeurs ; méditez mes jugemens:
» le tems ne mettra point de borne à ma ven-
» geance, aussi cruelle que durable ».

Que faut-il conclure, ma sœur, de toutes ces
brillantes hypothèses ? Qu'elles sont autant d'ex-
trêmes de la démence humaine ; que toute la
théologie n'est qu'un pur jeu de mots ; que les
vérités du papisme n'ont pas plus de forces que
celles du koran ; qu'on n'a fabriqué les deux et
sous leurs cultes, sous le voile du mystère et de

l'allégorie, que pour mieux en imposer à l'écume de la populace.

Les Marc-Aurelle, les Antonin, les Trajan, les Titus ne se sont montrés véritablement hommes, que parce qu'ils étaient armés d'une juste défiance contre tout culte, contre toute superstition. Les a-t-on jamais vu se soulever pour des opinions, s'égorger, se haïr, se déchirer mutuellement comme des bêtes féroces ?

Je vais déclamer ici, ma sœur, contre mes propres intérêts. Il n'en est pas de même des ministres de notre religion. Les plus intolérans sont presque toujours les plus révérés, et notez que ce sont ordinairement les plus stupides.

Ces vils instrumens de la rage papale, ne cessent de flétrir la mémoire des grands hommes, et de la condamner à l'oubli. Il semble que la supériorité des talens offusque ces idiots; elle leur sert de prétexte, pour ne commettre l'injustice humaine, que pour plaire, disent-ils, à la justice divine.

Prenons

Prenons pour exemple un Arouet de Voltaire, un Jean-Jacques Rousseau. On accuse ces deux flambeaux de la philosophie, de blasphême et d'athéisme. Pourquoi ? Parce qu'il s'expriment l'un et l'autre par la bouche de la vérité ; parce qu'ils ne croient pas plus au mahométisme qu'au catholicisme, et que la religion n'est, selon leur système, qu'une opinion philosophique. Enfin, parce que les Juifs, les Guebres, les Arabes, les Lapons, sont des hommes comme eux, et qu'en cette qualité ils ont droit à leur estime et à leur bienveillance.

O, ma patrie ! ne rougiras-tu jamais des excès honteux où te plongent le fanatisme et la superstition ! Jusqu'à quand souffriras-tu qu'on substitue le masque de l'hypocrisie à celui de la vertu, et qu'on couvre les plus grands crimes du manteau sacré de la religion ?

Je vous le demande, ma sœur, est-on en droit de persécuter les hommes, parce qu'ils n'auront pas la même croyance, et qu'ils ne penseront pas comme le clergé ?

L'hommage du cœur doit être sincère, et au lieu d'ordonner, la foi se persuade. Tel est, ma sœur, tel est le sentiment des plus grands philosophes de l'antiquité, et en particulier de Cassiodore, qui soutient qu'il y a toujours de l'injustice à tyranniser les consciences, et que la force attire plutôt des hypocrites que des croyans.

Adorons Dieu, ma sœur, dans le fond de nos cœurs ; suivons pas à pas la nature, soyons justes ; aimons notre prochain comme nous-mêmes, voilà la religion primitive ; c'est celle qu'il faut adopter : mais de croire *qu'un morceau de pain est l'Etre suprême, et que l'ânesse de Balaam a parlé*, c'est véritablement le comble de la turpitude.

Ici j'interrompis monsieur l'abbé, pour lui dérober une caresse, et pour lui dire qu'étant un enfant de la raison, il s'exprimait comme elle.

Je suis, ajoutai-je, on ne peut pas plus satisfaite de vos observations sur tous les cultes : il

ne vous reste actuellement qu'à disserter la nature, et je ne doute point que vous ne vous en
tiriez avec le même honneur.

Pour vous bien définir, ma sœur, ce qu'on entend par le mot de nature, ajouta mon abbé, je
ne pourrais tout au plus, vous donner qu'un re-
chauffé sur cette matière ; mais écoutez un de
mes confrères, plus spirituel que moi, et plus
voluptueux peut-être. C'est monsieur l'abbé T...,
qui parle à madame C.....

>> La nature, dit-il, est un être imaginaire, un
>> mot vuide de sens. Les premiers politiques,
>> embarassés sur l'idée qu'ils devaient donner au
>> public du bien et du mal moral, ont imaginé
>> un être entre Dieu et nous, qu'ils ont rendu l'au-
>> teur de nos passions, de nos maladies, de nos
>> crimes. Comment, en effet sans ce secours eus-
>> sent-ils concilié leur système avec la bonté in-
>> finie de Dieu ? D'où eussent - ils dit que nous
>> venaient ces envies de voler, de calomnier, de
>> violer, d'assassiner ? Pourquoi tant de maladies,
>> tant d'infirmités ? Qu'avait fait à Dieu ce mal-

» heureux cul-de-jatte, né pour ramper sur la terre
» pendant toute sa vie ? Un théologien nous dit à
» cela : *ce sont des effets de la nature.* Mais
» qu'est-ce que c'est que la nature ? Est-ce un
» autre dieu que nous ne connaissons pas ? Agit-
» elle par elle - même et indépendamment de la
» volonté de Dieu ? Non, dit encore sèchement
» le théologien. Comme Dieu ne peut pas être
» l'auteur du mal, le mal ne peut exister que par
» le moyen de la nature. Quelle absurdité ? Est-
» ce du bâton qui me frappe dont je dois me
» plaindre ? n'est-ce pas de celui qui a dirigé le
» coup ? n'est - ce pas lui qui est l'auteur du mal
» que je ressens ? Pourquoi ne pas convenir une
» bonne fois , que la nature est un être de raison,
» un mot vuide de sens ; que tout est Dieu , que le
» mal physique qui nuit aux uns sert au bonheur
» des autres ; que tout est bien ; qu'il n'y a rien de
» mal dans le monde, eu égard à la divinité ; que
» tout ce qui s'appelle *bien* ou *mal* moral , n'est
» que relatif à l'intérêt des sociétés établies par les
» hommes, mais indifférent à Dieu par la volonté

» duquel nous agissons nécessairement d'après les
» premiers principes du mouvement qu'il a établi
» dans tout ce qui existe ? Un homme vole, il
» fait du bien par rapport à lui , du mal par son
» infraction à l'établissement de la société, mais
» rien par rapport à Dieu. Cependant je conviens
» que cet homme doit être puni , quoiqu'il ait
» agi nécessairement, quoique je sois convaincu
» qu'il n'a pas été libre de commettre son crime ;
» mais il doit l'être parce que la punition d'un
» homme qui trouble l'ordre établi , fait mécha-
» niquement par la voie des sens , des impressions
» sur l'ame , qui empêchent les méchans de ris-
» quer ce qui pourrait leur faire mériter la même
» punition, et que la peine que subit ce malheu-
» reux pour son infraction , doit contribuer au
» bonheur général , qui est préférable , dans tous
» les cas, au bien particulier. J'ajoute encore que
» l'on ne peut même trop noter d'infamie les pa-
» rens, les amis et tous ceux qui ont eu des ha-
» bitudes avec un criminel, pour engager, par ce
» trait de politique , tous les humains à inspirer

G 3

» mutuellement entr'eux de l'horreur pour les ac-
» tions et pour les crimes qui peuvent troubler la
» tranquillité publique : tranquillité que notre dis-
» position naturelle, que nos besoins, que notre
» bien - être particulier, nous portent sans cesse à
» enfreindre : disposition qui ne peut être absor-
» bée dans l'homme que par éducation ; qu'au
» moyen des impressions qu'il reçoit dans l'ame,
» par la voie des autres hommes qu'il fréquente
» ou qu'il voit habituellement, soit par le bon
» exemple, soit par les discours ; en un mot par
» les sensations externes qui, jointes aux disposi-
» tions intérieures, dirigent toutes les actions de
» notre vie. Il faut donc éguillonner, il faut né-
» cessiter les hommes à s'exciter entr'eux à ces
» sensations utiles au bonheur général ».

Voilà, ma sœur, ce qu'on peut dire de mieux
sur dame nature, et ce qui est avoué par tous les
êtres pensans. En se conduisant d'après ces principes, il n'y a pas de risque qu'on s'égare ; on ne
peut que marcher dans un chemin battu.

C'est à cette mère sage que nous sommes redevables, ma sœur, des plaisirs sensuels que nous avons goûtés il n'y a qu'un heure. Pour lui en témoigner notre entière reconnaissance, êtes-vous d'avis, ma sœur, que nous recommencions nos travaux spirituels ? Prononcez.

Sollicitée par l'appétit, et avec le tempérament que tu me connais, ma chère Christine, tu sens bien que je ne demandais pas mieux, et qu'une religieuse ne renonce à une telle partie, que lorsque sa partie l'abandonne.

Puisque vous voulez, dis-je à monsieur l'abbé, que nous tâtions encore, avant de nous quitter, du fruit défendu, à Dieu ne plaise de vous désobéir. Vous parlez à mon cœur un langage plus intime que celui de l'amitié. Montez sur cette chaise ; vous cueillerez plus facilement, au milieu des branches, la pomme fatale qui séduisit Adam.

Volontiers, me répliqua notre homme au bonnet quarré ; et après m'avoir glissé dans la main ce serpent séducteur qui tenta jadis notre mère commune, placez-le, me dit-il, dans le quartier de réserve, et placez-le de manière qu'il puisse prendre son essor; sur-tout, dirigez bien la tête dans son intromission.

Mais l'abbé, repris-je.... Je vous entends, continua-t-il, n'apprehendez pas que la piqûre du serpent vous cause le moindre danger; il y a long - tems que je suis initié dans le genre du mystère, et j'aurai soin de.... de lui faire darder son venin ailleurs que dans votre mat....

Excitée déjà par le précurseur de la jouissance, je ne tardai pas, chère Christine, à savouer le plaisir physique occasionné par cette liqueur divine qui plonge notre ame dans le ravissement.

Ah, l'abbé! m'écriai-je dans le fort de mon extase, quels frémissemens de volupté! qu'ils sont enchanteurs! O que ton serpent est une bête aimable... Poursuis, vilain abbé.... Ah!.... Poursuis....... Mais non....... Achève pourtant.... Vierge sainte,......... je........ je......... je me fonds.

M. l'abbé, qui avait promis de me ménager, fut l'esclave de sa parole. Son docteur s'était échauffé dans le fort de la mêlée. Il était brillant et fier comme un champion qui dispute dans l'arène le prix du vainqueur. Je le saisis tout écumant; et après l'avoir colleté au milieu du corps, ma main força ce rebelle à la capitulation. Bientôt il rendit les armes, comme tu peux te l'imaginer. Quelques gouttes répandues de cet esprit divin, furent le signal de sa retraite. Fière de ma conquête, je demeurai maîtresse de la place, et je me retirai avec tous les honneurs de la guerre.

En entrant chez moi, j'y trouvai sœur Marianne qui était on ne peut pas moins disposée à observer les vœux de chasteté qu'elle et moi nous avions promis de suivre en endossant la guimpe, et en jurant involontairement aux pieds des autels, que nous renoncions au monde et à toutes ses pompes.

Ah! qu'il fait chaud, ma chère Agathe, me dit la sœur Marianne, en me voyant entrer, et en m'embrassant de tout son cœur. Je suis aujourd'hui d'une langeur, ajouta-t-elle, qu'il n'est pas en mon pouvoir de définir.

Et moi, lui dis-je, je suis d'une joie, mais d'une joie qu'il est presque impossible de comprendre.

Je t'en félicite, répondit ma camarade : tu viens, peut-être, d'ébaucher une scène de galanterie avec le nouveau directeur?

J'ai fait plus, ajoutai-je, car je l'ai terminée par une ample libation du baume de vie; et je t'assure qu'un pareil acte vaut bien une kirielle de morale.

Ah! ma chère Marianne, continuai-je, on ne peut connaître la valeur des plaisirs de l'amour que dans les bras d'un hommes. Quoique nos confidences rendent nos sensations communes, et que tu t'en tiennes ordinairement au jeu de la petite oye; quoique nous mettions souvent en usage les différentes attitudes que la volupté nous fait varier, pour assouvir nos passions, toutes ces ressources, tous ces raffinemens ne présentent rien, en comparaison de l'hallebarde masculine ; ils n'en sont qu'une ombre très-faible.

Ici sœur Marianne m'arrêta pour me prier de lui dire ce que j'entendais par une *hallebarde masculine*. J'avais encore l'imagination pleine du trait vigoureux de mon abbé, et je n'eus pas besoin de penser creux pour répondre.

Je lui dis de se figurer une lance qu'un amant tient toujours en arrêt lorsqu'il veut percer sa maîtresse. J'ajoutai, par *interim*, qu'il y en avait de courtes, de longues, de grosses, de moyennes, et qu'elles étaient ordinairement proportionnées, soit pour la longueur, soit pour la grosseur, à l'arbre sur lequel elles étaient antées.

Enfin, je conclus par l'assurer que quoique toutes les lances fussent des instrumens aigus, celles dont je voulais parler ne piquaient agréable-ment que lorsqu'elles faisaient bréche.

Satisfaite de ma définition, elle me saute au cou, me serre étroitement, et me renverse sur le lit. Que veux-tu donc faire, lui dis-je, ma chère Marianne ?..... Ah! j'ai allumé ton imagination par la vivacité de mon langage, et tu veux que nous exécutions ponctuellement une scène mystique. Hé bien ! soit, range-toi comme il faut; voyons ta mon.... ; elle n'est pas encore bien ombragée, mais cela viendra.

Tiens, regarde la mienne, je la trouve charmante. Si je ne me trompe, elle peut amplement fournir la matière d'un éloge libertin. Vois, ma chère amie, vois comme elle est hupée; c'est une espèce de pagote, qui, dans la rigueur de l'hiver, peut me servir de fourrure.

Plaçons nous comme il faut, ma chère Marianne, que rien ici ne nous incommode; mais avant que d'entrer en lice, ne serait-il pas de la prudence et de la sagesse de tirer le rideau de la fenêtre ? qu'en penses-tu, ma bonne ? attends. La lumière du soleil est, à ce qu'on assûre, plus préjudiciable aux tendres jeux de l'amour, que l'ombre de la nuit.

Déja nous soupirions l'une pour l'autre, et bientôt

tôt nous nous appareillons, pour commencer notre joûte. La main officieuse de Marianne se place avec nonchalance sur ma crinière velue; elle essaie de me transporter violemment par l'ardeur du plaisir. Non moins officieuse que la sienne, la mienne ne se refuse point à l'agréable badinage qui doit la conduire au faîte de la volupté.

Mais, ma chère Christine que je trouvai Marianne susceptible ce jour-là! Son jeune pucelage n'était qu'une fleur à peine éclose; ont eût imaginé sans peine que la rose était encore dans son bouton.. A peine eut-elle éprouvé le plus léger chatouillement, qu'un délire enchanteur l'anime et la transporte. Revenue de cette première jouissance, elle perd tout à-coup la parole; et sa voix expirant sur ses lèvres, je la crus anéantie.

Marianne, ma chère marianne, m'écriai-je pendant quelques minutes, où es-tu? que fais-tu? comment te trouves-tu? Eh quoi! tu sommeilles?

Oui, je sommeille, me dit alors la friponne en souriant. Es-tu fâchée que le plaisir m'endorme? Ah! ma chère Agathe, que ta main est divine! tout devient parfait sous tes doigts. Quel art ou plutôt quel magie emploies-tu pour épurer le plaisir, et pour élever l'ame jusqu'au troisième ciel? Lorsque sœur Marianne fut devenue tranquille, et qu'elle eut recouvré l'usage de ses sens, je la félicitai sur son heureux naturel, et je ne manquai pas de lui faire observer qu'elle était en reste avec moi, et qu'il fallait au moins que je tirasse mon épingle du jeu. Aussi-tôt sa main lâronesse ne poursuivit sa découverte, que pour contribuer à mes plaisirs. Oui, me dit-elle ingénûment, ton temple de l'amour a trop d'appas, pour ne pas lui rendre des hommages. Plus je l'examine, plus je le trouve digne du sacrifice. Approche, ma chère Agathe. Il ne sera pas dit que tu auras été spectatrice *bénévole* de mes jouissances. Mais, dieux! quelle énorme toison! c'est une épaisse forêt.... ma main s'y perd.

Fais-je bien, ma chère Agathe? sens-tu déja quelque émotion? mes doigts, ces doigts libertins, te payent-ils d'un tendre retour? Parle, réponds. *Sont - ils* aussi ingénieux que les tiens à provoquer au plaisir ? Mais quoi ! tu ne dis mot. Ah ! je te comprends ; tu veux user de représailles ; tu ne veux devoir de réponse qu'aux élans de la volupté.

Ah, Marianne ! lui dis-je alors ; ma chère Marianne, que tu me rends heureuse ! Dans ce moment je te dois mon bonheur. Achève, ma bonne, de rassasier mon appétit. Doùce volupté, qui peut jamais oublier tes bienfaits ! Dieux puissans !... Quelles délices !..... En goûtez - vous de pareiles ? ..... C'en est fait ...... Marianne !.... Je..... Je suc .... combe.

Satisfaites l'une de l'autre, nous abandonnâmes, ma chère Christine, la couche sacrée où nous venions de sacrifier, et nous continuâmes de nous entretenir sur la nature des plaisirs que j'ai j'avais largement goûtés avec monsieur l'abbé de L......

Comment as - tu pu faire, me disait la chère sœur Marianne pour te prêter aux caresses enflammés de monsieur le directeur ? La grille, ce me semble, est un obstacle insurmontable, et je croirais qu'il est presque impossible de s'y voir couronner par les mains de l'amour.

Que tu es encore novice, dis-je à la sœur Marianne, et que tu es bien peu familiarisée avec les ruses claustrales. On ne donne point, sois en sûre, des conseils à l'amour, c'est un dieu bienfaisant, et qui prend soin de nous inspirer.

Ecoute comment monsieur l'abbé de L......, et moi nous nous y prîmes (toujours sous la sauve-garde de l'amour) pour satisfaire notre aptitude aux plaisirs sensuels.

Notre unique soin, et il faut en avoir en pareil cas, fut de bien nous barricader ; lui du côté du parloir ; et moi du couvent.

Nos premières batteries ainsi disposées, nous n'avions rien à craindre des ennemis du dehors, et nous pouvions, en toute sûreté, travailler au plan de notre bataille. Si, au milieu de l'action, il nous survient quelque escarmouche, disions-nous, nous en serons quittes pour battre en retraite, et on ne pénétrera pas du moins tous nos projets de campement.

Tranquilles sur cet objet, nous avisâmes aux moyens d'en venir aux expédiens. De mon côté, je m'armai promptement de deux chaises, que je mis l'une sur l'autre en forme de fascines : elles m'étaient d'un grand secours, en ce qu'elles devaient me servir de point d'appui lorsqu'il plairait à monsieur le directeur de diriger la pointe de son canon tout vis-à-vis ma demi-lune. Monsieur l'abbé, de son côté, avait été plus diligent ; il n'attendait que la fin de mes préparatifs. Heureusement ils ne furent pas longs. Le chef du combat donna le signal, et nous montâmes à l'assaut.

Avant d'arborer le pavillon, j'eus soin d'ouvrir la barrière : c'était une petite fenêtre qui est ordinairement au milieu de la grille. Bientôt mon postérieur, qui pouvait le disputer aux belles fesses de Vénus, et que je présentai à cette issue, fut assiégé comme une citadelle.

Je sentis, aux coups violens qu'elle reçut, que le canon avait fait brêche. Quatre fois la gargousse sortit de son embouchure, et quatre fois elle y rentra. Enfin, après avoir assiégé la place dans toutes les formes, nous abandonnâmes le camp. Monsieur l'abbé se retira dans son presbytère, et moi je fis voile du côté de ma cellule.

Et la grille qui vous servait de barrière, me dit alors sœur Marianne, que devint-elle ?

Que veux-tu qu'elle devînt, répondis-je ; nous l'avons laissé à sa même place.

Comment, répliqua-t-elle, elle s'est sauvée ? elle était entre deux feux, et elle n'a pas fondu ? Ah ! je vois bien qu'on n'a pas eu le bonheur de pénétrer jusqu'au retranchement.

Un baiser, que je lui appliquai sur la parole, fut le prix de sa réflexion, qui me fit pâmer de rire. Je la vis bientôt m'ouvrir voluptueusement ses bras , et se précipiter de rechef avec mollesse sur le grabat qui avait été plusieurs fois l'humble témoin de nos faiblesses , s'il faut donner ce nom au doux penchant de la nature.

Si j'avais eu quelque talent pour la peinture , et que j'eusse essayé de crayonner la lassiveté, j'aurais choisi l'attitude où était précisément la sœur Marianne. Nonchalamment étendue , sa chemise à demi levée, et ses cuisses un peu éloignées , c'était ainsi, ma sœur Chrinstine , que mon égrillarde invoquait de rechef le dieu du plaisir.

Tu rends les choses, me dit-elle , avec tant d'art, de finesse et d'expression, qu'il n'est pas possible d'y résister ; tu animerais , je crois , le marbre. Mon imagination est tellement échauffée, qu'elle porte le feu dans toutes mes veines ; ce qui fait que je cherche à me procurer ces plaisirs inexprimables que tu as eu le bonheur de goûter dans les bras du directeur. Ah ! ma chère Agathe, ajouta-t-elle, pourquoi le malheureux destin me refuse-t-il un canon ? Avec quelle avidité je le saisirais ! qu'avec plaisir je le placerais dans mon embouchure !

Comme sœur Marianne ne connaissait pas encore l'usage des god....., il me vint dans l'esprit, de lui en faire voir un, et de lui faire goûter un bonheur auquel elle ne s'attendait peut-être pas.

Je l'aimais trop, d'ailleurs, pour la priver d'un secours imaginaire, qui, sans avoir rien de la réalité qu'on lui prête, ne laisse pas néanmoins que d'être utile, et de servir au besoin.

Hé bien ! puisque tu soupires après un canon, dis-je à sœur Marianne, tiens en voilà un, rassasie toi.

Ah ! c'est donc là, s'écria-t-elle, toute émerveillée, l'instrument agréable auquel tu donnais le nom singulier de hallebarde masculine ? Vraiment, il est assez drôle ; il me paraît que tu entends assez bien la lésine. Voyons, que j'essaie de te parodier.

Mais, reprit-elle par réflexion, ces deux gros grélots qui sont au-dessous de cette méchanique, ma sœur, de quelle utilité peuvent-ils être?

On les a placés là exprès, répondis-je, pour faire l'arrière-garde, et pour empêcher qu'en se polluant trop fort, le goujon ne s'égare dans la cavité, et ne nâge malheureusement, non pas dans l'eau douce, mais bien dans l'eau salée.

Pendant que je perorais, ma gaillarde ne perdait pas de tems : elle le mettait si bien à profit, que déja l'épée était enfoncée jusqu'à la garde. Sans doute que le sentiment du plaisir l'emporta sur celui de la douleur, puisqu'au moment même de l'érection, elle ne poussa pas le moindre cri.

Ah ! ma sœur s'écriait-elle par intervalles, par quelle espèce de gratitude puis-je gratifier ta bienveillance ? c'en est fait de mes jours, ajoutait-elle un moment après. Trop de sensibilité m'épuise ; la raison m'égare, et je perds tout sentiment. Oh !.... Oh !... Agathe ! chère divinité !... oui... oui... j'ar... j'arrive au port.....

Avec quelle attention scrupuleuse, n'examinais-je pas, ma sœur Christine, les mouvemens accélérés et périodiques que faisait la sœur Marianne! que de sanglots! que de soupirs, que d'élans, occasionés sans doute par les jeux lascifs de mon amante! ses yeux étaient pleins de feu, et son visage du plus bel incarnat. Sa gorge, plus blanche que l'albâtre, gradnait à merveilles le flux et le reflux. Que te dirai-je de ses fesses? elles trémoussaient, ainsi que ses cuisses; il semblait que toutes les parties de son corps fussent en convulsion.

J'étais remplie, ma chère Christine, d'une satisfaction que je ne puis décrire. J'étais contente assurément du doux plaisir que se procurait la sœur Marianne, et j'avais l'ame trop noble pour en être jalouse. Malgré tout cela, je sentais un battement de cœur qui me suffoquait et qui me coupait la parole. Enfin le charme cessa. Marianne fit trève avec le plaisir, et elle rendit, par ce moyen, le calme à mes esprits.

Je ne sais où j'en suis, me dit-elle en se levant.

Je me trouve encore tout étourdie des vapeurs délectables qui ont pénétré mon âme. Tiens, voilà ton bijou; cet adorable bijou qui m'a rendu si joyeuse : cache-le bien, ma bonne amie, et prends garde sur-tout de ne pas l'égarer. Elles joignit les instances les plus vives aux caresses les plus touchantes. Cette nouvelle manœuvre avait son but; elle voulait exiger de ma complaisance, que je lui apprisse par quel canal j'avais eu le bonheur de me procurer un semblable *lavabo*.

Je suis femme, lui dis-je; et quoiqu'on en dise de la fragilité de notre sexe, quand je promets un secret, je le tiens. La personne ajoutai-je, qui m'a fait ce présent, ma chère Marianne, est un sujet trop respectable pour t'en révéler le nom. En me remettant ce joujou, il me somma de la fidélité que l'on se doit réciproquement. J'en suis esclave comme tu vois.

Sœur Mariane avait du bon sens, elle n'insista plus. Comme l'heure du dîner s'approchait, elle se retira dans sa cellule, et moi je pris mes tablettes, pour y consigner les scènes brillantes dont

j'avais été témoin , et que j'avais en partie réa-
lisées

Mon dessein , en le rangeant ainsi par ordre ,
était de les faire passer un jour à la postérité la
plus reculée; mais, ma sœur Christine , que de
Midas , dont l'univers fourmille , vont se récrier
contre une pareille production , si jamais elle paraît au grand jour !

Il n'y a pas , diront-ils, une seule page de sentiment dans toute cette brochure. Ce n'est qu'un
tissu de sales débauches , d'irréligion et d'im-
piété. L'auteur, ajouteront-ils , en s'appropriant
toutes les gradations du libertinage, a donné dans
les écarts les plus honteux et les plus infâmes : c'est
un ame basse , un individu sans mœurs , et fait
pour être proscrit de la société civile.

Tel est à-peu-près le langage de ces ogres qui
déchirent le genre humain ! Mais, ma sœur Christine, que m'importent leurs hurlemens, ce n'est
pas pour eux que j'écris. Ton suffrage me vaut
mieux que celui de toutes les universités du monde ;

de ; et pourvu que je t'amuse, mon cœur est sa-
tisfait. Hâte-toi, ma chère Christine, de me faire savoir de tes dernières nouvelles. Je suis impa-
tiente d'apprendre quel a été le sort du petit
Etienne, et la fin de tes intrigues. Porte-toi bien,
ma bonne amie.   AGATHE.

Supplément. Au moment même où je livre ma
missive au mercure galant, nous présidons à l'é-
lection d'une nouvelle dépositaire. La religieuse
qui était chargée de cette auguste fonction, a été
obligée de rendre ses comptes, par ordre du con-
clave. On la soupçonnait de divertir largement
les espèces. Le sacristain qui faisait la desserte de
l'église, et qui avait de fréquentes entrevues avec
sœur Augustine, vient aussi d'être congédié. Les
malins ajoutent que monsieur le sacristain ne bril-
lait qu'à nos dépens, et que madame la dépositaire avait pris, avec ce drille, plus d'un ébat
clandestin. Il n'avait rien cependant qui parlât
en sa faveur, car c'était un vilain magot : le por-
tait-il beau ? C'est ce qu'il faudrait demander à
la sœur Augustine.

I

DERNIERE LETTRE.

Puisque te voilà parvenue, ma chère Agathe, à la fin de tes caravanes, il est hors de doute que je ne sois actuellement au fait des parti-
cularités de ta vie. Je t'avouerai néanmoins, que
je suis, à mon grand regret, fâchée d'une chose,
c'est de voir que le tableau de la voluptueuse
jeunesse est moins chargé que je ne l'aurais cru.
Malheureusement ta prophétie ne s'est point ac-
complie. Tu avais promis monts et merveilles.
A t'entendre, personne ne pouvait t'effacer, pas
même une fille de trotoir. Je ne pouvais pas avoir,
disais-tu, de quoi soutenit les frais d'une campagne. Enfin, tu voulais me déclarer une guerre
ouverte, et c'est moi qui te force au retranchement.

Peut-être as-tu eu tes raisons, pour supprimer
des détails indignes de ta plume. Il est quelquefois des vices si laids, qu'on rougit de les décrire.

Si telles ont été tes intentions , tu as bien fait , et j'applaudis à ton silence. Ces senseurs attrabilaires contre lesquels tu t'emportes à la fin de ta lettre, ont d'ailleurs la vue si délicate , que la moindre peinture obscène les blesse et les offusque. Les objets, à leurs yeux , ne sont jamais assez voilés ; jamais la gaze n'est assez fine à leur gré. Je reprends ma dernière lettre.

Tu me demandes des nouvelles du petit Etienne. Tu n'exige pas, non-feulement des détails , mais tu veux encore des exploits. Hélas! que ne puis-je te satisfaire! Le cruel, il s'abreuve de mes larmes, et me laisse en proie à mon chagrin, J'aurais dû brûler les aîles de ce petit dieu volage ; quand je le pressais sur mon sein ; il aurait peut-être été plus constant, Depuis la fin tragique de madame la supérieure , et que tu savais être ma protectrice, il n'a pas reparu dans la maison. La douleur ainsi que le plaisir a son terme, ma chère Agathe. Je cherchai à me consoler de sa perte entre les bras d'une jeune pensionnaire, avec laquelle on m'avait logée , en attendant qu'on m'eût préparé un petit appartement ailleurs que dans la chambre de la défunte ; car je m'étais formellement expliquée, et j'avais promis de n'y rentrer jamais. Je n'étais pas peureuse ; mais l'idée de sa mort venait se retracer de tems à autre dans mon imagination ; ce qui ne laissait pas de m'inquiéter cruellement.

Mademoiselle d'Entraigues (c'était le nom de ma nouvelle associée, (joignait à la figure la plus aimable, l'air et les graces des filles du bon ton ; elle tenait à tout ce qu'il y avait de mieux dans la robe, et elle sentait véritablement sa femme de condition. Ses propos étaient assortis ; on découvrait dans ses yeux les plus aimables assassins ; ils commençaient à parler un langage non équivoque : une vive peinture de la lassiveté y retraçait déjà l'image du plaisir. Sa gorge n'était pas encore fournie, mais elle était blanche comme un lys, ferme et bien placée. Je ne te dirai rien, ma chère Agathe, de ses appas secrets ; ils étaient inexprimables, et par conséquent au-dessus de mon pinceau. Avant de décrire les beautés d'un art, il faut auparavant se sonder, pour savoir si on peut y atteindre.

Pendant l'espace de trois semaines, que j'eus le bonheur de coucher avec mademoiselle d'Entraigues, de combien de folies ne nous avisâmes-nous pas! Une souveraine liberté présidait à tous nos jeux : nous nous soumîmes avec la plus grande docilité aux doux commandemens de l'amour. Plus d'une fois il éclaira notre défaite : plus d'une fois, nous dépouillant de toute pudeur, nous parodiâmes les emportemens de *Sapho* et d'*Andromède*.

C'est ainsi, ma chère Agathe, que mademoiselle d'Entraigues et moi, nous rendions respectivement nos tendres hommages à l'amour. Nous lui devons notre existence ; il mérite bien quelque gratitude.

Je ne sortis des bras de mademoiselle d'Entraigues, que pour me livrer à ceux de la volupté. Le toucher m'offrait des plaisirs sans nombre, et il était écrit que l'amour devait adoucir mon état.

On me logea tout à côté de sœur Agnès, qui avait été chargée, par la nouvelle supérieure, de prendre soin de mon éducation. Cette religieuse était grande et bien faite; elle avait six lustres révolus, et il n'est pas rare qu'à cet âge on connaisse tout le prix des plaisirs. Elle me répéta, en termes moins empoulés, ce que m'avait déjà dit madame la supérieure; que j'étais destinée, par mon état, à grossir le nombre des élues du seigneur; mais que la condition d'une religieuse n'était pas si à plaindre qu'on se l'imaginait, et qu'on avait des expédiens pour adoucir le joug de la retraite.

« L'amour, me disait-elle, pénètre aussi bien
» dans nos asyles, que chez les gens du monde.
» C'est à la faveur du déguisement qu'il em-
» prunte, que le vulgaire imbécile nous regarde
» comme consacrées aux lois de la chasteté. On
» nous couvre d'un voile; il le partage avec
» nous : se dérobant aux yeux, il n'est plus visi-
» ble, mais il n'en existe pas moins. Il règne
» dans nos cœurs, parcourt toutes nos veines, les

» enflamme, sans qu'il soit possible de nous
» soustraire à son pouvoir. Il se prête à notre im-
» puissance; et ne pouvant nous faire aimer des
» hommes, dont nous sommes séparées pour
» jamais, il nous enflamme les unes par les
» autres ».

Non, ma bonne amie, ajouta la sœur Agnès,
ne vous persuadez pas que nos sens soient toujours à la gêne, et notre ame dans les fers. Je
suis franche, je ne veux point afficher avec vous
une pruderie et une gravité hors de saison. Je
prétends vous associer à mes débats clandestins,
et pour vous mettre au fait de nos manœuvres,
venez, que je vous donne une leçon.

Elle m'ouvrit tout de suite une petite cassette
où étaient renfermés quatre god.... Leur diffé-
rence était extrême : on eût volontiers soupçonné
qu'ils avaient été exprès fabriqués pour les quatre
saisons, tant ils étaient proportionnés à l'âge.
Connaissez - vous, me dit alors sœur Agnès,
l'usage de ces instrumens ? Voilà la première fois,
lui dis - je, que des semblables pièces frappent

mes yeux ; j'en ignore la méchanique. Tenez, voilà celui qui vous convient, ajouta-t-elle, en me donnant le plus petit, et j'examinais soigneusement qu'elle s'était emparée d'un des plus gros. Suivez actuellement, continua ma maîtresse d'école, suivez mon exemple, et placez vous dans la même posture que vous me voyez placée. Je fus ponctuelle à l'ordre, et j'exécutai graduellement le nouvel exercice. Bientôt le poids victorieux du plaisir entraîna sœur Agnès : elle se se pâma, elle se fondit, et tomba comme évanouie. Moi j'en étais encore au prélude : il y avait déjà long tems que mon petit dard frappait à la porte, mais une douleur secrette s'opposait à son entrée ; il en coûtait à mon cœur pour distiller la volupté. Enfin le charme se rompit, et je nâgeai dans le plaisir.

Voilà, ma sœur Agathe, quel fut le fruit de la première leçon de ma directrice. Un pareil exercice de piété n'était-il pas bien entendu ? Sois de bonne foi, ne valait-il pas une prière de rosaire ?

Sœur Agnès et moi, nous multipliâmes dans

la suite, la somme de notre bonheur. Nous ou-
bliâmes de servir Dieu, pour nous livrer à la volupté. Parfaitement initiées dans dans ses raffinemens, nous en étions de vraies législatrices, et
nous pouvions occuper une place dans le sénat
des dames romaines.

Il est inutile, ma sœur Agathe, que j'entre
dans de plus longs détails. Tu sais ce que j'ai fait
avec le père Anselme ; il fut le premier qui me
déflora, et tu penses bien que les plaisirs qu'il me
procura, étaient d'une nature trop vive pour oublier jamais de me les faire répéter.

Que de directeurs ont part aux embrassemens
des nones ! Que de nones pratiquent le plaisir avec
des directeurs : toute la morale du cloître ne con-
siste véritablement que dans la métaphysique de
l'amour. Envain nos rigoristes prétendraient le
contenir par des digues : en vain la rigidité de
leurs maximes s'opposerait à ses torrens, princi-
palement dans les cloîtres, où la passion irritée
par les obstacles, cherche des alimens propres à
se rassasier.

Je finis ici, ma chère Agathe, le tableau de mes prouesses. Je pourrais bien encore le charger de quelques petites anecdotes; mais ce ne serait répéter que des lieux communs, et tomber dans une monotonie qui ne serait pas supportable. Adieu ma bonne amie, rends-moi tendresse pour tendresse et répète avec moi: Vive le cloître, vive l'amour et ses plaisirs.

CHRISTINE.

FIN.